D1993593

Lebe glücklich, lebe froh!

Jessica Hurley

Illustrationen von Paddy Bruce

Aus dem Amerikanischen von Ursula Bischoff

nymphenburger

Die Originalausgabe erschien 2001 unter dem Titel
»Let your worries go« bei St. Martin's Press, New York.

Text © 2001 Jessica Hurley
Artwork © 2001 Paddy Bruce

© für die deutschsprachige Ausgabe nymphenburger in der
F. A. Herbig Verlagsbuchhandlung GmbH, München 2006.
Alle Rechte vorbehalten.

Hergestellt von becker & mayer!, Bellevue, Washington.
www.beckermayer.com
Printed in China

ISBN 3-485-01067-7

Besuchen Sie uns im Internet unter
www.nymphenburger-verlag.de

Dieses Buch ist Grandma Arlene gewidmet, die mir stets sagte, sich Sorgen zu machen sei reine Zeitverschwendung, weil »man sich nicht einmal in den wildesten Träumen ausmalen kann, welche sich bewahrheiten.«

Und Miriam, der Weisen, die der Welt das eine oder andere beibringen könnte, über die Dinge, die sich nicht ändern lassen, und wie man den Mut aufbringt, das zu ändern, was sich ändern ließe.

Das Buch ist außerdem der verstorbenen Zeichnerin Holly McNeill gewidmet, die mit ihren Visionen die nachfolgenden Seiten erhellt und mit ihrem Leben alle berührt hat, die sie kannten.

Dank

Tausend Dank an alle, die mir Hilfe und Unterstützung bei diesem Buch gewährt haben, so dass ich mir nicht allzu große Sorgen machen musste. Ich danke: Jennifer Doyle für ihre Weitsicht und Fähigkeit, Knospen in Blüten zu verwandeln; Ben Raker, Holly McNeill und Barbara Galvani, die das Buch durch die Endphasen schleusten; Paddy Bruce für die lebendigen Illustrationen; und Elizabeth Beier, die an den Nutzen dieses Projekts glaubte.

Die besten Wünsche gehen an Lynn Gordon, die mich unter ihre Fittiche nahm und ermutigte. Herzlichen Dank sage ich meiner KBHK-Fernsehfamilie und meinen Kollegen von Thrive Online/Oxygen Media (die mich vertraten, während ich mich im Himalaya über meinen Laptop beugte). »Shukriya« und »thugs rje che« den Bewohnern von McCleodganj, Indien, die mich den Unterschied zwischen echten und vermeintlichen Sorgen lehrten.

Dank schulde ich auch meinem Vater mit seiner Wort-Leidenschaft und meiner Mutter, die aus dem »Psycho-Nähkästchen« plauderte. Einen dicken Schmatz an Karina für ihre redaktionelle Betreuung und die Laptop-Rettungsaktion in letzter Minute. Alles Liebe an meine »Yeah-Yeahs«. Greggie, der mich angesichts misslicher Umstände aufgemuntert hat, sage ich »Gracias«. Dank schulde ich auch dem Rest meiner unglaublich hilfreichen Freunde, Bekannten und Verwandten (ihr wisst schon, wen ich meine) – bei so viel Liebe gab es nicht viele andere Dinge, über die ich mir den Kopf zerbrechen musste!

Wichtig

Die Macht der Sorgenpüppchen ist begrenzt. Bei manchen Menschen wiegen die Sorgen schwerer als bei anderen. Wenn es Ihnen nicht gelingt, Ihre Ängste und Probleme allein in den Griff zu bekommen, sollten Sie in Betracht ziehen, die professionelle Hilfe eines Therapeuten oder Arztes in Anspruch zu nehmen.

Einführung

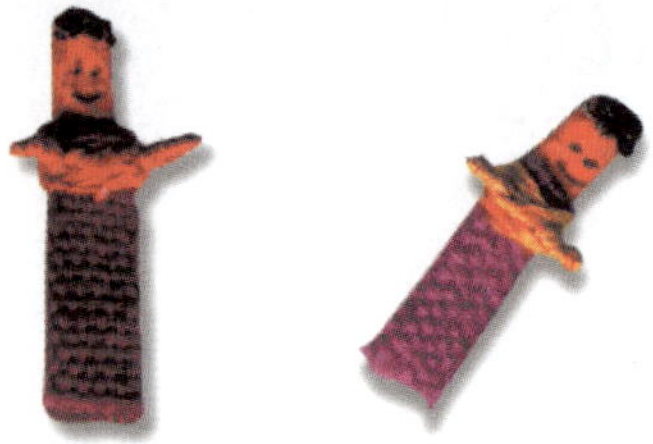

Kauen Sie Nägel, bricht Ihnen angesichts eines nahenden Termins der Schweiß aus oder liegen Sie nachts wach und malen sich die schlimmsten Horrorszenarien aus?

Wenn ja, stellen Sie keine Ausnahme dar. Angst und Stress – weitgehend durch Sorgen verursacht – sind für produktive und funktionierende Mitglieder der Gesellschaft heute die Norm. Wir stehen alle unter Druck und fühlen uns manchmal, als hätten wir die Kontrolle verloren. Sich den Kopf zu zerbrechen kann durchaus konstruktiv sein, wenn es zur Lösung eines Problems beiträgt oder als Ansporn dient, uns mehr Mühe zu geben. Doch wenn die zwanghafte Neigung zur Schwarzmalerei unseren Alltag beeinträchtigt – und uns sogar die kleinen Freuden des Lebens vergällt –, ist es an der Zeit, Abstand zu gewinnen und loszulassen.

Die guatemaltekischen Sorgenpüppchen und die kreativen Ideen für ihre

Verwendung sollen der moralischen Unterstützung dienen. In Guatemala ist es Brauch, jeder Puppe vor dem Schlafengehen ein Problem zu erzählen und sie nachts unter das Kopfkissen zu legen – und siehe da, am Morgen sind die Sorgen verschwunden. Dabei spielt es keine Rolle, ob es sich um Zauberei handelt oder man sich erleichtert fühlt, weil man sich den Kummer von der Seele geredet hat.

Besonders wichtig ist die Anzahl der Püppchen – es gibt nur sechs, damit die Sorgen jeden Abend auf die wichtigsten beschränkt werden. Mehr würde ihre magischen Kräfte übersteigen.

Auf den folgenden Seiten erhalten notorische Pessimisten praktische Tipps, um ihre Sorgen in die richtige Perspektive zu rücken. Für chronische Schwarzmaler keine leichte Aufgabe: sich Sorgen zu machen ist eine Angewohnheit, die es zu durchbrechen gilt – wie der Griff zur Zigarette oder das Nägelkauen. Die Moral von der Geschichte ist die Erkenntnis, dass sich manche Dinge im Leben nicht planen, in Schubladen einordnen oder erklären lassen. Warum Zeit damit verschwenden, über Situationen nachzugrübeln, die sich unserer Kontrolle entziehen? Schwören Sie dem Irrglauben ab, dass alles schief geht, was nur schief gehen kann. Versuchen Sie, nicht mehr so hart mit sich selbst ins Gericht zu gehen und Ihre Sorgen loszulassen!

Sorgentagebuch

Aus Mücken können Elefanten werden, wenn sie zu lange im Kopf umherschwirren. Ein »Sorgentagebuch« zu führen hilft, das richtige Augenmaß wiederzugewinnen. Schreiben Sie Ihre Ängste, Phobien und Panikattacken nieder, in kleine Häppchen zerlegt, die sich besser handhaben lassen. Kleben Sie die Sorgenpüppchen als augenfälligen Schmuck auf den Umschlag oder Rücken Ihres Tagebuchs.

Machen Sie zuerst eine Liste mit allen Sorgen, die Sie plagen. Dazu kann die leise Befürchtung gehören, dass Sie ein Projekt nicht termingerecht beenden oder am Morgen einer wichtigen Präsentation mit einem Mordspickel aufwachen. Keine Angst sollte zu groß, zu klein oder zu irrational sein, um Erwähnung zu finden.

Der nächste Schritt besteht darin, für jeden Eintrag ein »Katastrophenszenario« zu entwickeln. Was wäre das schlimmste Ergebnis? Befürchten Sie, gefeuert zu werden und von Arbeitslosenunterstützung leben zu müssen, wenn Sie den Termin nicht einhalten? Haben Sie Angst, Ihre Zuhörer mit Ihrem Pickel in die Flucht zu schlagen? Solche Szenarien tragen dazu bei, Sorgen auf den Grund zu gehen. Geben Sie jedem Problem einen plakativen Namen, z.B. »Der Termin, der den Weltuntergang herbeiführte« oder »Der Jahrhundertpickel«. Ihm durch maßlose Übertreibung eine komische Seite abzugewinnen trägt dazu bei, die Situation weniger verkrampft zu sehen.

Nun listen Sie das bestmögliche Ergebnis auf und entwickeln einen Aktionsplan, um dieses Ziel etappenweise zu erreichen. Wenn ein Mammutprojekt Sie in Panik versetzt, notieren Sie z.B., dass der erste Schritt darin besteht, einen groben Abriss zu erstellen. Und sollte der Streit mit einer Freundin Sie quälen, schreiben Sie auf, was Sie bei der nächsten Begegnung zum Ausdruck bringen möchten. Oft wurzeln Sorgen in dem Gefühl, keinen Einfluss auf eine Situation zu haben. Ein schrittweiser Aktionsplan bewirkt, dass wir uns weniger hilflos vorkommen.

Sie können Ihre Einträge im Sorgentagebuch immer wieder nachlesen, sobald ein neues Problem auftaucht. In den meisten Fällen werden Sie feststellen, dass selbst die schlimmsten Situationen letzten Endes doch noch gut ausgegangen sind. Das führt zu der Erkennnis, dass es Zeit- und Energieverschwendung ist, sich ständig den Kopf zu zerbrechen.

LOSLASSEN!

Traditionsgemäß erzählt man den Sorgenpüppchen, wo der Schuh drückt, und legt sie nachts unters Kopfkisssen. Sie können aber auch Ihre eigenen Loslassrituale entwickeln. Erzählen Sie einem Püppchen, was Ihnen zu schaffen macht; dann binden Sie es an einen Luftballon, den Sie davonfliegen lassen; oder befestigen Sie das Püppchen an einem Stück Treibholz, das Sie dem Meer oder einem Fluss überantworten. Sie können es auch (mitsamt Ihren Sorgen) in einem luftdicht verschlossenen Behältnis vergraben, damit künftige Zivilisationen etwas zu entdecken haben.

Heilsame Ablenkungen

Obwohl es ungesund ist, Sorgen zu unterdrücken, sollte man sich hin und wieder eine Verschnaufpause gönnen. Die mentale Ruhephase kann bewirken, dass wir eine neue Perspektive entwickeln und Energie tanken, um das Problem mit frischem Schwung in Angriff zu nehmen. Zu den heilsamen Ablenkungen können fesselnde Romane, Videospiele oder ein Schnulzen-Filmmarathon gehören.

Dramatische Filme, Seifenopern oder Bücher bewirken, dass wir uns die eigenen Sorgen weniger zu Herzen nehmen. Wie schwerwiegend können sie schon sein im Vergleich zum Schicksal einer Frau mit einem Hirntumor und einer Tochter, die an Gedächtnisverlust leidet und den verschollenen Zwillingsbruder ihres Vaters geheiratet hat? Filme, die auf die Tränendrüse drücken, können reinigende Wirkung haben, und Thriller fesseln durch ihre atemberaubenden Verwicklungen. Auch Komödien sind ideal, um abzuschalten, weil Lachen als bester natürlicher Stressblocker gilt.

Auch Hobbys oder Aktivitäten sind gute Ablenkungsmethoden. Modellflugzeugbau, Gartenarbeit und selbst das gründliche Schrubben der Toilette kann therapeutische Wirkung haben. Auch monotone Verrichtungen wie Stricken oder Zaun streichen werden von manchen als meditativ empfunden. Die Gedanken können dabei müßig abschweifen und vielleicht zu einer Lösung führen.

Sorgen auftürmen!

»Vergewissere dich bei jedem Schri

Notorische Pessimisten geraten oft in einen Teufelskreis negativer Gedanken. Teuflische innere Stimmen reden ihnen ein, dass sie nicht gut genug sind, scheitern müssen oder mit dem Schlimmsten rechnen sollten.

Um dieses Muster zu durchbrechen, müssen Sie sich die unheilvolle Gewohnheit zuerst bewusst machen. Kaufen Sie sich kleine hölzerne Bauklötze, die Sie auf Ihrem Schreibtisch oder am Arbeitsplatz aufbewahren. Sobald Ihnen ein Problem zu schaffen macht, schreiben Sie es mit Filzstift auf einen Bauklotz. Nehmen Sie für jede neue Sorge einen neuen Klotz; errichten Sie daraus einen Turm, immer höher bauend, bis er ins Wanken gerät (mitsamt Ihren Sorgen). Thema, Häufigkeit und Dauer Ihrer trübsinnigen Gedanken werden klarer, weil Sie zuschauen können, wie sie sich auftürmen. Den negativen inneren Dialog zu erkennen hilft, den Ursachen auf den Grund zu gehen. Sind die Ängste wirklich auf Ihrem eigenen Mist gewachsen oder haben sie ihren Ursprung im Elternhaus, Bekanntenkreis oder der Gesellschaft schlechthin?

Verwehren Sie Ihrem inneren Kritiker, der Ihnen ständig den Spaß verdirbt, mit einem Passwort den Zugriff auf Ihr Leben. Das kann ein positiver Begriff wie »sorglos« oder eine dynamische Bestätigung sein: »Ich bin mein eigener Herr!« Diese Affirmation sollten Sie nur denken, anstatt ss du mit Umsicht und Gespür für den Takt ausschreitest, und bedenke, das Leben ist ein einziger Balanceakt.« Dr. Seuss

sie laut zu äußern, sonst könnten Sie scheele Blicke ernten!

»Sind Sie für Ihre Ängste wirklich selbst verantwortlich oder haben sie ihren Ursprung im Elternhaus, Bekanntenkreis oder der Gesellschaft schlechthin?«

Eine andere Methode wäre, sich mit Aktivitäten abzulenken, die ungeteilte Aufmerksamkeit erfordern – z.B. das Alphabet rückwärts aufsagen. Wenn Sie bei »A« ankommen, sind Sie merklich entspannter. Das empfiehlt sich vor allem dann, wenn Ängste physische Reaktionen auslösen. Belastende Situationen können Herzklopfen, Atemnot oder Schweißausbrüche zur Folge haben, Symptome, die ihrerseits die Panikattacke verstärken. Um diesen Teufelskreis zu durchbrechen, müssen Sie die Gedanken ausschalten, die ihn in Gang setzen. Ausgelassene Spiele oder Ablenkungen sind dabei eine unschlagbare Waffe.

MÖGEN DIE SPIELE BEGINNEN

Spiele tragen dazu bei, Sorgen und Ängste zu mindern. Nehmen Sie einen kleinen Gummiball und breiten Sie die Püppchen auf einer ebenen Tischplatte aus. Lassen Sie den Ball mit einer Hand auf den Tisch fallen und versuchen Sie mit der anderen Hand so viele Püppchen wie möglich einzusammeln, bevor der Ball erneut aufspringt. Üben Sie, bis Sie alle aufheben können. Solche monotonen Bewegungen könnte man als aktive Form der Meditation bezeichnen.

Schwarzmaler-Oly

Durch sportliche Aktivitäten lassen sich Ängste in Schach halten. Das Training verbessert Kondition und Energiespiegel – Energie, die Sie brauchen, um dem Alltagsstress gewachsen zu sein. Die Endorphine, die bei anstrengender körperlicher Betätigung ausgeschüttet werden, heben die Stimmung, das beugt der Schwarzmalerei vor. Außerdem ist man dabei gezwungen, eine Denkpause einzulegen, was notorische Grübler verlernt haben.

Experimentieren Sie mit verschiedenen Aktivitäten, um herauszufinden, wie Sie Ängste und Sorgen am besten bekämpfen können. Beim Kickboxen können Sie dem Frust freien Lauf lassen, Yoga fördert die innere Ruhe und das spirituelle Wohlbefinden. Walken und Joggen sind ideal, wenn man alleine sein möchte, während

iade

Mannschaftssportarten den Wettbewerbsgeist anspornen. Notieren Sie in Ihrem Sorgentagebuch, wie Sie sich bei verschiedenen sportlichen Aktivitäten fühlen. Um maximale Wirkung zu erzielen, sollten Sie drei Mal die Woche mindestens eine Stunde lang trainieren.

Mit Visualisierungsübungen können Sie Körper und Geist fit halten. Laufen Sie, was die Sohle hält, und stellen Sie sich dabei vor, Ihre Sorgen weit hinter sich zu lassen; oder spielen Sie Fußball und malen Sie sich aus, dass Sie Ihrem Problem einen gehörigen Tritt verpassen.

»Es gibt etliche Menschen, die immer Probleme erwarten, und so gelangen sie in den Genuss vieler Sorgen, die ihnen eigentlich erspart geblieben wären.«

Henry Wheeler Shaw
Amerikanischer Humorist, 19. Jh.

Makrokosmos & Mikrokosmos

Betrachten Sie den Makrokosmos und den Mikrokosmos in Ihrem Umfeld – vom Weltall bis zum Insektenleben –, um Ihr Problem in die richtige Perspektive zu rücken. Sie erkennen vielleicht, dass Ihre Sorgen in der großen (oder kleinen) Ordnung der Dinge gar nicht so wichtig sind.

Machen Sie einen Waldspaziergang und nehmen Sie Ihre Umgebung bewusst wahr. Vergessen Sie nicht, Ihre Sorgenpüppchen einzupacken. Betrachten Sie die hohen, uralten Bäume und denken Sie daran, dass Probleme kommen und gehen, während die Bäume die Zeit überdauern. Der Kontakt mit der Natur kann dazu dienen, aus dem Chaos in der Welt einen Sinn abzuleiten. Wenn Ihre Sorgen das nächste Mal außer Kontrolle geraten, stellen Sie sich vor, Sie wären ein Baum, über den ein Wirbelsturm hereinbricht. Wie stark der Wind auch wehen mag, unsere tiefsten Wurzeln bleiben fest verankert.

Halten Sie als Nächstes nach Waldbewohnern Ausschau. Mit etwas Glück entdecken Sie vielleicht eine Spinne, die ihr Netz webt. Schauen Sie ihr zu. Unermüdlich verknüpft sie

»Wie stark der Wind auch wehen mag, unsere tiefsten Wurzeln bleiben fest verankert.«

die seidigen Fäden, ohne ihr Werk mit dem ihrer Artgenossen zu vergleichen. Oder folgen Sie einer Biene, die Blüten bestäubt. Sie geht ihrer Tätigkeit nach, ohne sich um die Zukunft zu sorgen, und doch erreicht sie ihr Ziel. Welche Erkenntnisse können Sie aus diesen Beobachtungen über sich selbst und Ihr Leben gewinnen?

Zum Schluss suchen Sie sich einen Platz, um bei Nacht die Sterne zu betrachten. Blicken Sie zum Himmel empor und fragen Sie sich: »Wie groß sind meine Sorgen im Vergleich zum Universum?« Damit soll der Neigung vorgebeugt werden, sie aufzubauschen. Kein Problem hat astronomische Ausmaße, gemessen an der Unendlichkeit des Sternenhimmels.

Sorgensteine

»Glücklich ist der Mensch, der

Bringen Sie Ihre Sorgen mit einem Sorgenstein zum Verschwinden – nach einer alten indianischen Tradition.

Besonders geeignet ist der Hämatit: ihm werden Heilkräfte zugeschrieben, die Angst und Kummer lindern.

chmerzlichen Ketten des Geistes zerbrochen und sich der Sorgen ein für alle Mal entledigt hat.« Ovid

Achat und Rauchquarz verleihen Bodenhaftung und Balance. Der Amethyst beruhigt einen überaktiven Verstand, der Fluch vieler notorischer Pessimisten. Aquamarin, Türkis und Smaragd fördern die Gelassenheit, bannen Ängste und bauen Nervosität ab, während der Azurit bei persönlichem Stress oder innerer Verwirrung Wunder wirkt.

Jeder Stein, der klein, flach und glatt ist, eignet sich als Sorgenstein. Um ihm Glanz zu verleihen, reiben Sie ihn mit Steinpolitur ein. Nehmen Sie ihn in die Hand, wenn Sie Sorgen haben, und streichen Sie mit dem Daumen darüber. Schließen Sie die Augen: Nehmen Sie Gewicht, Textur und Temperatur des Steins wahr. Stellen Sie sich vor, dass er alle negativen Gedanken und Ängste absorbiert. Wenn Sie jedes Mal über dieselbe Stelle reiben, entsteht schließlich eine »maßgeschneiderte« Vertiefung im Stein.

Benutzen Sie den Sorgenstein im Stau, bei einem stressigen Meeting oder in jeder anderen Situation, in der Sie sich angespannt fühlen. Sorgensteine sind besonders hilfreich für Hyperaktive, die ein Ventil für ihre nervöse Energie brauchen. Betrachten Sie den Stein als Ihren geheimen Fetisch, der Unheil abwehrt.

Sich aussprechen

»Es geht nicht darum, Fehl

Gleich ob Sie Ihre Sorgen Freunden, einem Sorgenpüppchen, einem Therapeuten oder Ihrem »Stubentiger« anvertrauen – die Kommunikation fördert die mentale Gesundheit und einen klaren Kopf.

Mangels Feedback von außen kreisen die Gedanken oft immer wieder zwanghaft um dasselbe Thema, ohne zu einem Ergebnis zu gelangen. Ein objektiver Zuhörer kann dazu beitragen, aus den eingefahrenen Geleisen auszubrechen, mittels Brainstorming neue Lösungsansätze zu finden und zu erkennen, ob Ihre Sorgen übertrieben sind. Es tut außerdem gut zu wissen, dass Ihnen jemand zur Seite steht, der vielleicht eine ähnliche Situation erlebt hat und mit guten Ratschlägen dienen kann. Revanchieren Sie sich, da Sie Ihre eigenen Sorgen zeitweilig vergessen können, wenn Sie ein offenes Ohr für die Probleme Ihrer Freunde haben. Tauschen Sie mit einer Person Ihres Vertrauens – nehmen Sie deren Probleme in Angriff und überlassen Sie ihr die eigenen zu treuen Händen!

Wenn Sie das Gefühl haben, dass Ihre Ängste außer Kontrolle geraten, sollfinden, sondern ein Mittel, um sie zu beheben.« Henry Ford, Automobilhersteller

ten Sie einen Therapeuten aufsuchen. Mit professioneller Hilfe lassen sich die Symptome einer Angstneurose diagnostizieren und ungesunde Denkmuster durchbrechen, denen Sie alleine nicht gewachsen sind.

Was die Kommunikation mit Haustieren angeht, reicht es oft aus, die Ängste laut auszusprechen – vor allem gegenüber einem Mitbewohner, der kein Werturteil fällt –, um sie wieder in den Griff zu bekommen. Haustiere tragen bekanntlich zur Stressminderung und zur Senkung des Blutdrucks bei. Außerdem bewirkt ein solcher Monolog, dass Sie die Situation gelassener sehen. Schulden, Beziehungsprobleme oder Termindruck können unsere haarigen Hausgenossen nicht aus der Fassung bringen.

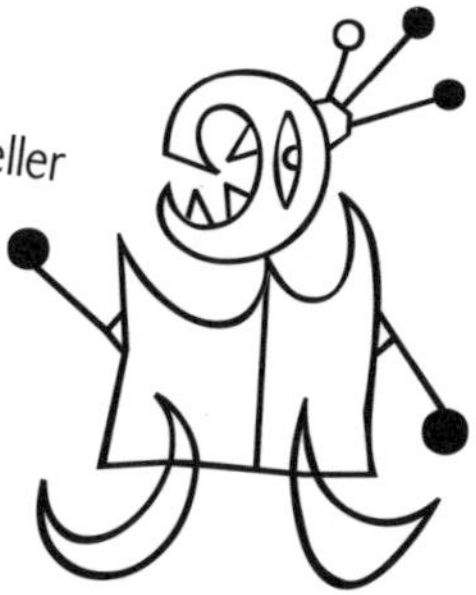

STRESSBLOCKER BEI STAU

Wie oft stecken Sie im Stau und befürchten, zu spät zu einem Termin zu kommen? Oder rasten aus, wenn Ihnen ein anderer Fahrer die Vorfahrt nimmt? Lernen Sie, in solchen Situationen Ruhe zu bewahren: Befestigen Sie ein paar Sorgenpüppchen am Schlüsselbund oder am Rückspiegel. Wenn Sie das nächste Mal unterwegs sind und in Rage geraten, nehmen Sie die Püppchen in die Hand, atmen tief durch und warten, bis sich der gesunde Menschenverstand zurückmeldet.

Die Sorgenzone

Wählen Sie eine bestimmte Zeit und einen bestimmten Ort, um sich mit Ihren Sorgen zu befassen. Der Sinn der »Sorgenzone« besteht darin, die Sorgen nach intensiver Begutachtung ein für alle Mal abzuhaken, um zu verhindern, dass sie auch auf andere Lebensbereiche übergreifen. Dieses Ventil sorgt dafür, dass Sie nicht ständig unter Druck stehen.

Suchen Sie sich einen Raum, in dem Sie sich ungestört in Ihre Sorgen vertiefen können. Das kann Ihr Lieblingssessel, eine Kuschelecke am Kamin oder ein selbst gebautes Baumhaus sein. Wenn Sie möchten, hängen Sie ein Schild mit der Aufschrift »Bitte nicht stören – Sorgensitzung« auf.

Planen Sie jeden Tag eine bestimmte »Sorgenzeit« ein, zwischen fünfzehn Minuten und einer Stunde, je nachdem, wie viel Sie zu überdenken haben. Nun müssen Sie sich nur noch den Kopf zerbrechen: über die Hypothek, die Sie sich nicht leisten können, die Symptome einer seltenen Krankheit, unter der Sie leiden könnten, oder den Besuch Ihrer Mutter, die sich für ganze zwei Wochen angekündigt hat, ein Albtraum. Eine feste Tagesordnung ist überflüssig – lassen Sie den Gedanken, die Ihre Lebensfreude trüben, freien Lauf. Achten Sie auf die Gefühle, die sich dabei einstellen. Vielleicht merken Sie, dass kleine Kümmernisse Ihnen stärker zusetzen, als Sie dachten. Halten Sie Ihr Sorgentagebuch griffbereit, so dass Sie Ihre laufenden Erkenntnisse zu Papier bringen können.

»Nun müssen Sie sich nur noch den Kopf zerbrechen: über die Hypothek, die Sie sich nicht leisten können, die Symptome einer seltenen Krankheit, unter der Sie leiden könnten, oder den Besuch Ihrer Mutter, die sich für ganze zwei Wochen angekündigt hat, ein Albtraum ...«

Stellen Sie den Wecker, damit Sie wissen, wann die Sorgenzeit um ist. Sobald er läutet, ist Schluss mit den Sorgen! Überlegungen, die noch nicht abgeschlossen sind, bringen Sie zu Papier, um den Faden am nächsten Tag weiterzuspinnen. Planen Sie nach der Sorgensitzung eine Aktivität ein, die Ihnen Spaß macht, als Belohnung dafür, dass Sie sich mit dem Stress auseinander setzen statt zuzulassen, dass er sich aufstaut.

Schöpferische Aktivitäten

»Wenn wir uns jeden Tag ein wenig sorgen, kostet uns das im Verlauf des Lebens einige Jahre. Missstände sollte man nach Möglichkeit beheben. Doch wir sollten uns angewöhnen, uns nicht ständig Sorgen zu machen. Sorgen haben noch nie ein Problem gelöst.«

Mary Hemingway

Sie mögen kein zweiter Picasso sein, doch es kann therapeutische Wirkung haben, Ihre Ängste und Sorgen durch schöpferische Aktivitäten zum Ausdruck zu bringen. Sie können malen, bildhauern oder eine Geschichte über die Dinge schreiben, die Sie beunruhigen. Wenn Sie ihnen eine greifbare Form verleihen, haben Sie das Gefühl, sie besser in den Griff zu bekommen. Außerdem ist das ein probates Mittel, Sorgen ein für alle Mal zu vertreiben.

Wenn Sie Ton kneten, denken Sie an den Streit mit Ihrer Mutter oder die schlechte Beurteilung am Arbeitsplatz; beobachten Sie, was für eine Form sich aus Ihrem »Rohling« entwickelt. Sie können auch Farbstifte

und Papier in Situationen bereitlegen, in denen Sie zu Stressreaktionen neigen, z.B. wenn Sie telefonieren. Beim nächsten Gespräch, das Sie auf die Palme bringt, kritzeln Sie, um Dampf abzulassen.

»Wenn Sie Ihren Sorgen eine greifbare Form verleihen, haben Sie das Gefühl, sie besser in den Griff zu bekommen.«

Wenn Ihnen kreative Aktivitäten zusagen, sollten Sie eventuell einen Kunsttherapie-Kurs belegen. Sie werden überrascht sein, was Sie über sich selbst erfahren, und können von den anderen Teilnehmern lernen.

Sollte die Malerei nicht nach Ihrem Geschmack sein, schreiben Sie eine Geschichte über Ihre Ängste und Sorgen, mit einem Happyend wie im Märchen. Das gibt Ihnen zum einen das Gefühl, die Situation zu beherrschen und kann zum anderen ein Ventil für Problemlösungen sein, die Ihnen im wirklichen Leben verwehrt sind. Träumen Sie davon, aus der Tretmühle auszusteigen und sich auf eine tropische Insel zurückzuziehen? In der Realität können Sie diesen Kurs aufgrund Ihrer mannigfaltigen Verpflichtungen nicht einschlagen, doch in einer Geschichte steht Ihnen die ganze Welt offen. Also: los geht's!

MINIALTÄRE

In vielen Kulturen und Religionen werden Altäre errichtet, die der Meditation dienen. Errichten Sie einen »Sorgenschrein« zu Hause oder im Büro. Schmücken Sie z.B. eine Schuhschachtel mit Sorgenpüppchen und anderen Gegenständen, die Ihnen helfen, Stress abzubauen. Bei einer Panikattacke setzen Sie sich vor den Altar, bis Sie sich beruhigt haben. Zünden Sie Kerzen und Räucherstäbchen an, um das Stressblocker-Ritual abzurunden. Eine Streichholzschachtel kann als tragbarer Minischrein dienen, in dem Sie Sorgenpüppchen und andere Glücksbringer verwahren.

Erste-Hilfe-Set

Ein Erste-Hilfe-Set ist für notorische Pessimisten unerlässlich. Schon das Zusammenstellen des Inhalts kann entspannend wirken und das Gefühl vermitteln, für den Umgang mit Stresssituationen gewappnet zu sein. Hier können Sie schöpferische Aktivitäten ausleben und sich darauf vorbereiten, Ängsten ins Auge zu sehen.

»Denkt daran, das geistige Gleichgewicht zu bewahren, wenn der Weg des Lebens abschüssig ist.« Horaz

Füllen Sie eine Schuhschachtel oder einen Korb mit Dingen, die Ihre Ängste und Sorgen bekämpfen – z.B. mit Sorgenpüppchen, einer Postkarte von Ihrer lebensklugen Großmutter, einem entspannenden Schaumbad, Ihrer kubanischen Lieblingsmusik, einer Liste mit Affirmationen oder inspirierenden Zitaten und einer Kerze mit Limonenduft, der an Großreinemachen erinnert. Sie können auch Kamillentee, Schokokekse, ein besonderes Plüschtier, eine Muschel aus dem Urlaub, kuschelige Wollsocken oder ein Bild Ihrer besten Freundinnen (Ihres »Fanclubs«) einpacken. Die Dinge sollten persönlich sein, da jeder seine eigenen Seelentröster hat.

Sie müssen keine nostalgischen Erinnerungen wecken, sondern können auch Symbole sein: ein Schlüssel als Sinnbild für den Zugang zu den eigenen verborgenen Kräften, ein Spiegel für die innere Schönheit, eine Feder für das leichte, unbeschwerte Gefühl usw. Mit diesem Erste-Hilfe-Set sind Sie selbst für die schlimmsten Sorgen-Notfälle optimal gerüstet.

Die Sorgenkiste

Legen Sie sich eine »Sorgenkiste« zu, in der Sie alle Probleme verwahren, bis Sie bereit sind, sie aufzuarbeiten. Sie können dafür alles Mögliche verwenden, vom Schuhkarton bis zur Schmuckschatulle. Kleben Sie oben oder an den Seiten Sorgenpüppchen auf. Schreiben Sie jede Sorge auf ein eigenes Blatt Papier, das Sie in der Kiste verstauen. Wenn Sie sich vom Leben überfordert fühlen, ziehen Sie eine »Sorgenkarte« und vertiefen sich zehn Minuten in das Thema, das darauf vermerkt ist. So konzentrieren Sie sich auf einen einzigen Missstand, statt sich angesichts der Fülle von Problemen, die Ihnen durch den Kopf geht, wie gelähmt zu fühlen. Außerdem ist es herrlich, Karten zu ziehen, die Ihnen keine schlaflosen Nächte mehr bereiten!

Die Sorgenkiste hilft außerdem, Muster hinter den Ängsten zu erkennen. Ordnen Sie Ihre Panikanwandlungen Kategorien zu und beobachten Sie, was für Ängste Sie am häufigsten quälen.

Neigen Sie dazu, sich über Dinge den Kopf zu zerbrechen, die sich Ihrer Kontrolle entziehen?

Fürchten Sie sich vor dem Unbekannten? Zieht sich die Angst zu versagen wie ein roter Faden durch Ihr Leben? Sind Geld oder Beziehungen ein immer wiederkehrendes Thema? Notieren Sie Selbsterfahrungen in Ihrem Sorgentagebuch. Sie werden überrascht sein, was für Muster sich abzeichnen können!

Abwarten und Tee trinken

»Lasst Dinge los, di

»Wir sind vermutlich einzigartig unter den Geschöpfen dieser Erde – die sorgenvolle Kreatur. Wir vergeuden unser Leben damit, uns zu sorgen, fürchten die Zukunft, sind unzufrieden mit der Gegenwart, unfähig, den Gedanken an das Sterben zu verinnerlichen, unfähig, still zu sitzen.«

Lewis Thomas,
amerikanischer Autor und Arzt

Der Hang, sich Sorgen zu machen, wurzelt oft in dem Bedürfnis, jede Situation unter Kontrolle zu haben. Obwohl es wichtig ist, unser Leben selbst in die Hand zu nehmen, gilt es zu erkennen, wann wir den Dingen ihren Lauf lassen sollten. Das Bestreben, ständig perfekt zu sein, ist eine Sisyphusarbeit (das war der »Frevler« aus der griechischen Mythologie, der dazu verdammt wurde, bis in alle Ewigkeit einen Felsblock einen steilen Berg hinaufzuwälzen!). Also: warten Sie ab, was passiert! Nur keine Panik, wenn das Haus einem Schlachtfeld gleicht, die unbezahlten Rechnungen sich stapeln und eine Zeit lang Ebbe auf dem Konto herrscht. Die Welt geht nicht unter, wenn Sie nicht ständig am Schick-

weifel in euch wecken, zugunsten der Dinge, die über jeden Zweifel erhaben sind.« Mohammed

salsrad drehen! Und sollte doch das eine oder andere aus dem Ruder laufen, werden Sie erkennen, dass Sie die Fähigkeit besitzen, das Schiff wieder auf Kurs zu bringen.

»Loslassen« kostet die meisten Pessimisten Überwindung. Beginnen Sie damit, einen Tag festzusetzen, an dem Sie den Dingen ihren Lauf lassen. Planen Sie nichts voraus – treffen Sie nur solche Entscheidungen, die sich Ihnen präsentieren. Sie könnten überrascht sein, was am Ende dabei herauskommt.
Da notorische Schwarzseher fürchten, unverhofften Ereignissen nicht gewachsen zu sein, grübeln sie über alle Eventualitäten nach, bis ihnen der Kopf raucht. Solche Vorausplanungen funktionieren nicht, wenn man den Dingen ihren Lauf lässt.
Wenn Sie aufhören, jeden Augenblick kontrollieren zu wollen, bleiben Ihnen mehr Zeit und Energie, um das Leben zu genießen. Es ist anstrengend, gegen die Strömung zu schwimmen, aber ein Vergnügen, sich mit ihr treiben zu lassen!

Natürliche Heilmittel

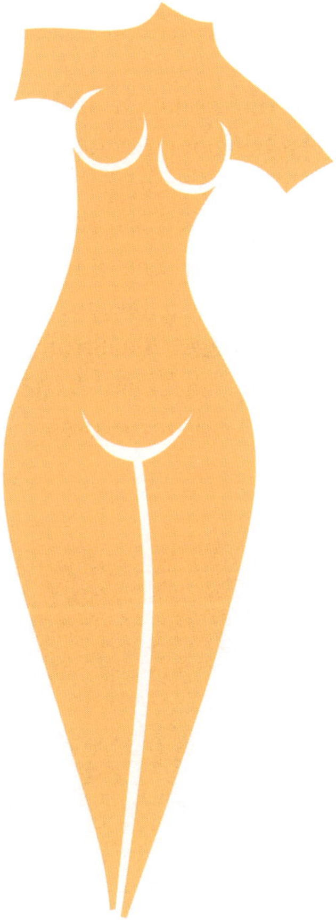

Kräuter, Vitamine und Düfte sind für viele ein effektives Mittel gegen Nervosität. Kamillentee fördert bekanntlich die Entspannung. Auch Kavapfeffer, Baldrianwurzel, Johanniskraut, Ginseng und Katzenminze schreibt man eine beruhigende Wirkung zu. (Vor Gebrauch sollten Sie mit Ihrem Hausarzt Rücksprache halten.) Vitamin B und Niacin bauen Stress ab und stärken das Nervensystem.

In der Aromatherapie werden verschiedene ätherische Öle zur Entspannung eingesetzt. Sie lassen sich einem Sorgenkiller-Bad zusetzen, in einer Duftlampe verwenden oder aufs Handgelenk tupfen, so dass Sie nur schnuppern müssen, wenn Sie sich gestresst fühlen. Legen Sie sich einen Vorrat an ätherischen Ölen, Kerzen und Räucherwerk mit Lavendelduft zu, die Entspannung und Wohlbefinden fördern.

Zu den weiteren Düften mit sedierenden Eigenschaften gehören Benzoe, Bergamotte, Jasmin, Kamille, Majoran, Melisse, Muskatellersalbei, Neroli, Patschuli, Pelargonie, Rosenholz, Sandelholz, Verbene, Vetiver, Wacholder, Weihrauch, Ylang-Ylang, Ysop, Zedernholz und Zypresse. Wenn der Stress zu Erschöpfungszuständen führt, sind Rosmarin, Schwarzer Pfeffer, Pfefferminze und Thymian als Energiespender empfehlenswert. Experimentieren Sie mit verschiedenen Duftnoten, um zu entdecken, womit Sie Ihre Sorgen am besten vertreiben. Ein Supersorgenkiller ist ein Duftpotpourri, dem Sie ein paar Tropfen ätherisches Öl beigeben; geben Sie es in eine Schale und platzieren Sie Ihre Sorgenpüppchen darum herum.

STELLEN SIE IHRE SORGEN ZUR SCHAU

Setzen Sie einen neuen Modetrend mit Accessoires aus eigener Werkstatt. Befestigen Sie die Sorgenpüppchen z.B. an Ohrringhaken (in Bastelläden erhältlich) oder knoten Sie sie an ein farbiges Lederband, das Sie um den Hals oder weniger auffällig um den Fußknöchel tragen können – an Tagen, an denen Sie Ihre Sorgen für sich behalten möchten. Aus den Püppchen lassen sich auch fantasievolle Broschen fertigen. Mit diesem individuellen Sorgenschmuck haben Sie stets Unterstützung zur Hand, wenn Sie sich angespannt oder abgekämpft fühlen.

Gesunde Lebensweise

»Sorgen beeinträchtigen Kreislauf, Herz, Drüsen, das ganze Nervensystem. Ich kenne keinen Menschen, der an Überarbeitung gestorben wäre, aber viele, die am Zweifel zugrunde gegangen sind.«

Dr. Charles Horace Mayo,
Mitbegründer der Mayo-Klinik

Sorgen sind der Gesundheit abträglich und eine angegriffene Gesundheit kann wiederum Sorgen bereiten. Wenn wir krank sind, kommen uns Probleme oft unüberwindlich vor, weil uns die Energie fehlt, sie in Angriff zu nehmen. Wenn wir für eine ausgewogene Ernährung und ausreichende Bewegung sorgen, bleiben wir fit und sind besser gewappnet, die kleinen Hürden im Leben zu meistern.

Die Bedeutung einer ausgewogenen Kost, d.h., vielfältig und in Maßen zu essen, sollte man nicht unterschätzen. Wichtig ist auch die »Seelennahrung«, die wir uns einverleiben, wenn wir das Bedürfnis nach Wärme und Geborgenheit haben. Sie kann aus

Keksen und Milch bestehen oder aus einer Tomatensuppe nach dem Rezept Ihrer Mutter. Sich hin und wieder kulinarisch zu verwöhnen ist herrlich, sollte jedoch kein Mittel sein, um Probleme zu kompensieren. Junk-Food ist ebenfalls mit Vorsicht zu genießen, da auf das insulinbedingte Hoch oft ein seelisches Tief folgt. Befriedigen Sie Naschgelüste mit frischem Obst oder Trockenfrüchten statt mit Süßigkeiten.

Aufputschmittel wie Koffein, Alkohol und Nikotin sollten auf ein Mindestmaß beschränkt werden. Exzessiver Kaffeegenuss verstärkt die Symptome der Nervosität, einschließlich Herzrasen und Zittrigkeit, und trägt zu Schlafstörungen bei. Alkohol beeinträchtigt die Reaktionsfähigkeit und kann letztendlich ein Gefühl der Hoffnungslosigkeit hervorrufen.

Viele Leute meinen, dass ein Schlummertrunk oder eine Zigarette das Einschlafen erleichtern, wenn sie unter Stress stehen, doch Alkohol verhindert einen tiefen erholsamen Schlaf.
Nikotinsucht verursacht Stimmungsschwankungen und physische und mentale Entzugserscheinungen, also Zustände, die Gift für notorische Pessimisten sind. Raucher, die versuchen, ihr Laster aufzugeben, sind meistens hochgradig nervös und unleidlich.

Sorgenperlen

Die Griechen lassen oft eine Perlenkette, komboloi *genannt, durch die Finger gleiten, um Stress abzubauen. Diese Tradition stammt vermutlich aus Indien, wo man damit Gebete abzählte, doch man findet sie weltweit in verschiedenen Kulturen und Religionen [in unseren Breiten z.B. als Rosenkranz].*

Für Ihre eigene Sorgenperlenkette fädeln Sie etwa zwanzig erbsengroße Perlen auf ein Leder- oder Nylonband und verknoten die Enden. Wenn Sie unter Stress stehen, nehmen Sie eine Perle zwischen Daumen und Zeigefinger, am Knoten beginnend, und gehen langsam zur nächsten über, wobei sie stumm jede einzelne zählen. Wenn Sie bei der letzten angekommen und noch nicht ruhiger geworden sind, beginnen Sie wieder von vorne. Mit einiger Übung geht die Bewegung in Fleisch und Blut über. Das Ritual gibt rastlosen Fingern eine Beschäftigung und das Zählen vertreibt sorgenvolle Gedanken.

Sie können die Sorgenperlen mit geschlossenen Augen oder indem Sie Ihren Gedanken freien Lauf lassen benutzen, während sie im Stau stehen oder sich unterhalten. Diese Sorgenkiller-Methode hat den Vorteil, dass Sie die Perlen immer bei sich tragen und überall benutzen können – zu Hause, am Arbeitsplatz oder unterwegs.

AM ARBEITSPLATZ

Wenn Sie beruflich viel Stress haben, lassen sich die Sorgenpüppchen auch in Ihren Arbeitsalltag integrieren. Auf den Griff einer Zahnbürste geklebt, sind sie ein nützliches Geschenk des Zahnarztes an seine ängstlichen Patienten. Lehrer und Schüler können die kleinen Helfer auf Notizbüchern oder Ordnern anbringen. Wie lassen sie sich an Ihrem Arbeitsplatz einsetzen? Womit Sie Ihren Lebensunterhalt auch verdienen, die Püppchen sind immer im Dienst, wenn es gilt, Kummer und Sorgen den Kampf anzusagen.

Lachen ist die best

»Lachen ist ein Kurzurlaub.«

Milton Berle, amerikanischer Komiker

Wenn sich unsere Lebensjahre und unsere Pflichten mehren, vergessen wir oft Spaß und Spiel. Um Probleme weniger ernst zu nehmen, sollte man sich selbst nicht allzu ernst nehmen. Sobald eine Sorgenattacke im Anmarsch ist, stellen Sie sich mit dunkler Brille à la Groucho Marx oder einer anderen komischen Verkleidung vor den Spiegel und erzählen Ihrem »Alter Ego«, was Sie bedrückt. Sie werden nicht lange ernst bleiben können. Oder muntern Sie sich mit Videos, die Ihre Lachmuskeln strapazieren, einem Abend im Kabarett oder Karaoke-Club oder der Witzecke in der Sonntagszeitung auf.

Medizin

Es ist wichtig, in unserem hektischen Alltag hin und wieder eine Auszeit zu nehmen, in der Spiel und Spaß angesagt sind. Wie wäre es mit einem wöchentlichen oder monatlichen Spieleabend? Gleich ob Poker, Scharade oder Scrabble, Spiele verringern den Stress.

»Um Probleme weniger ernst zu nehmen, sollte man sich selbst nicht allzu ernst nehmen.«

Die Wiederentdeckung unseres inneren Kindes ist ebenfalls eine schlagkräftige Waffe gegen Kummer und Sorgen. Überlegen Sie, was Ihnen Spaß gemacht hat, bevor der Ernst des Lebens begann. An einem heißen Tag Eis schlecken oder barfuß durchs Gras laufen? Mit Fingerfarben malen oder Ton »manschen«? Ihrer Fantasie sind keine Grenzen gesetzt. Sie können auch einen Abhang hinunterrollen oder Rad schlagen (nach entsprechenden Aufwärmübungen, sonst besteht Verletzungsgefahr für die morschen Knochen). Sie werden in Null Komma nichts wie ein Honigkuchenpferd grinsen!

Für andere da sein

»Das beste Mittel gegen Sorgen, Niedergeschlagenheit, Melancholie und Grübelei besteht darin, bewusst hinauszugehen und zu versuchen, einen anderen Menschen aufzuheitern.«

Arnold Bennett, Britischer Romancier, 19. Jahrhundert

Oft fallen die eigenen Probleme kaum ins Gewicht, wenn man hautnah mit den Schicksalsschlägen anderer Menschen konfrontiert wird. Die ehrenamtliche Tätigkeit für die Benachteiligten in unserer Gesellschaft erinnert an Dinge, die wir bisweilen als selbstverständlich erachten. Wenn Sie in einer Suppenküche oder einem Obdachlosenasyl arbeiten, lernen Sie, für Nahrung und ein eigenes Dach über dem Kopf dankbar zu sein. Wenn Sie in einem AIDS-Hospiz arbeiten, lernen Sie, wie wichtig Gesundheit ist. Und in einem Seniorenheim lernen Sie, Ihre Jugend zu schätzen.

Wenn Freiheit für Sie das höchste Gut ist, werden Sie politisch aktiv: Setzen Sie sich für Einzelpersonen oder Gruppen ein, denen die grundlegenden Menschenrechte verwehrt sind.

Nehmen Sie sich für Ihre ehrenamtliche Tätigkeit Zeit, um den Menschen zuzuhören, denen Sie helfen möchten. Erkundigen Sie sich nach ihren Ängsten und Sorgen; vielleicht verblassen die eigenen im Vergleich dazu. Viele, die am Rande der Armut leben, arbeiten so schwer, um ihr Existenzminimum zu sichern, dass ihnen keine Zeit bleibt, sich den Kopf zu zerbrechen. Und Menschen, die Schlimmes erlebt haben, sind abgehärtet und nur dann in Sorge, wenn wirklich große Probleme auftauchen.

Wenn Ihnen die Zeit für eine geregelte ehrenamtliche Tätigkeit fehlt, können Sie jeden Tag eine gute Tat vollbringen, aufs Geratewohl oder gezielt. Das gibt Ihnen ein gutes Gefühl, vor allem, wenn Sie es nicht an die große Glocke hängen – wie eine gute Fee. Es sollte ja nicht um Anerkennung, sondern um die Unterstützung eines Menschen gehen, der Hilfe braucht (und vielleicht um eine kleine Aufmunterung für Sie selbst). Schenken Sie einer Person Blumen, die eine harte Zeit durchmacht, füttern Sie eine Parkuhr, die abgelaufen ist, oder spenden Sie anonym Geld für einen wohltätigen Zweck.

PUPPEN GEGEN MISSSTÄNDE

Am 21. März 1996 organisierten Studenten überall in Amerika Demonstrationen, um Solidarität mit den guatemaltekischen Studenten zu bezeugen, die gegen Menschenrechtsverletzungen in ihrer Heimat protestierten. Im Zuge dieser Aktionen, die von Amnesty International koordiniert wurden, stellten Studenten in beiden Ländern Sorgenpüppchen her, ein Symbol des Widerstands gegen Misshandlungen, Vergewaltigung, Tod und das spurlose Verschwinden von mehr als 140 000 Guatemalteken während des sechsunddreißig Jahre währenden Bürgerkriegs. Amnesty International setzt seine Bemühungen fort. Wie Sie sich in Aktionen gegen Menschenrechtsveranstaltungen in Guatemala und anderen Ländern einbringen können, erfahren Sie auf der Homepage: www.amnesty.de

Bewerten Sie Ihre Sorgen

Sich den Kopf zu zerbrechen kann produktiv sein, wenn es der Suche nach Problemlösungen dient. Sich ständig zu sorgen ist dagegen kontraproduktiv, trübt die Sinne und beeinträchtigt die Fähigkeit, eine Situation zu meistern. Wir verlieren die Perspektive hinsichtlich der Bedeutung unserer Schwierigkeiten und neigen zu Übertreibungen.

Um diesem Phänomen entgegenzuwirken, denken Sie eine Zeit lang über das Ausmaß jedes einzelnen Problems nach, das Sie haben; entscheiden Sie, welches wirklich akut ist.

Schreiben Sie eine Liste, in der Sie sämtliche Probleme aufführen. Dann ordnen Sie ihnen eine Dringlichkeitsstufe auf einer Skala von 1 bis 10 zu (die geringfügigsten erhalten eine 1, die schwerwiegendsten eine 10. Ein Bußgeld wegen Falschparken sollte z.B. weit unter einer ernsten Erkrankung rangieren). Bewerten Sie Ihre Sorgen subjektiv; entscheidend ist Ihr eigenes Gefühl – und nicht die Meinung anderer. Anschließend nehmen Sie die dringlichsten Probleme genauer in Augenschein.

»Sorgen verhindern das Unheil nicht – sie verhindern die Freude.« Unbekannt

Nun erstellen Sie eine Liste mit Prioritäten, die Sie in Ihrem Leben gesetzt haben, in der Reihenfolge der Bedeutung, die Sie ihnen beimessen. Schließen Sie Wünsche und Bedürfnisse ein – z.B. genug zu essen, ein Dach über dem Kopf, Gesundheit, Familie, Freunde, Beruf, Freiheit, Geld, Kreativität, physische Kondition usw. Stimmen die Probleme an der Spitze der Sorgenliste mit den Themen auf der Prioritätenliste überein? Wenn nicht, sollten Sie überprüfen, wie viel Energie Sie in jedes Problem investiert haben. Beschränken Sie Ihre Sorgen auf sechs am Tag (die erlaubte Höchstzahl nach der Sorgenpüppchen-Legende). Dadurch fokussieren Sie Ihre Kräfte auf diejenigen, die wirklich Vorrang haben. Vergessen Sie nicht: Nachdenken ist nichts weiter als eine Form der mentalen Konzentration. Richten Sie Ihr Augenmerk auf konstruktive Problemlösungen, indem Sie die beiden Listen schreiben und alles aussortieren, worüber Sie sich nicht unnütz den Kopf zerbrechen sollten. Wiederholen Sie die Übung in ein paar Monaten, um zu sehen, ob sich Ihre Prioritäten geändert haben.

Einfache Freuden

»Zu viel des Guten kann wunderbar sein.«

Mae West,
amerikanische Schauspielerin

Wenn Ihnen die Sorgen über den Kopf wachsen, machen Sie sich die einfachen Freuden im Leben bewusst, um gegenzusteuern. Listen Sie in Ihrem Sorgentagebuch alles auf, was das Leben lebenswert macht, oder notieren Sie jeden Abend drei Dinge, für die Sie dankbar sein können. Das kann die alte Frau sein, die Sie auf dem Weg zur Arbeit angelächelt hat, die Schneeflocken, die auf Ihrer Zunge zergehen, ein Schaumbad, ein gutes Buch oder eine Wassermelone an einem heißen Sommertag. Sie werden überrascht sein, wie viel Gutes das Leben zu bieten hat, wenn Sie sich auf die positiven Aspekte konzentrieren.

Tragen Sie Ihr Sorgentagebuch immer bei sich, um die kleinen Freuden umgehend einzutragen und sich bei Bedarf daran zu erinnern, wie schön das Leben sein kann. Gehen Sie die Liste mit Freunden durch; vielleicht können sie Ihrem Gedächtnis auf die Sprünge helfen.

»Es gibt zwei Tage in der Woche, über

die ich mir nie Sorgen mache … der

eine Tag ist Gestern … und der

andere Tag ist Morgen.«

Robert Jones Burdette,
amerikanischer Schriftsteller,
19. Jahrhundert

FREUDIGE ÜBERRASCHUNG

Nach einer besonders stressreichen Woche sollten Sie sich eine selbst gemachte guatemaltekische Grußkarte schicken. Falten Sie ein Blatt Buntpapier in der Mitte und schreiben Sie Ihr Lieblingsgedicht oder ein aufmunterndes Sprichwort auf die Innenseite. Kleben Sie Sorgenpüppchen auf die Vorderseite und schicken Sie die Karte an Ihre eigene Adresse. Sie ist ein Lichtblick, auch wenn Sie wissen, dass sie unterwegs ist.

In allen Lebensphasen

Zeit mit Kindern oder alten Menschen zu verbringen ist eine gute Möglichkeit, Sorgen auf ihren Realitätsgehalt zu überprüfen. Die meisten Kinder leben unbeschwert, nur der Augenblick zählt. Sie genießen die einfachen Freuden des Lebens, die wir oft vergessen, wenn wir älter werden. Wenn Sie keine eigenen Kinder haben, können Sie anbieten, die Kinder von Freundinnen und Verwandten zu hüten oder die kleinen Patienten in einem Krankenhaus zu betreuen. Es ist unmöglich, dabei eine sorgenvolle Miene aufzusetzen.

Alte Menschen können uns lehren, dass das Leben zu kurz ist, um sich vor Kummer und Sorgen zu verzehren. Wollen Sie sich, wenn Ihr letztes Stündlein schlägt, sagen müssen, dass Sie Ihr Leben damit vergeudet haben, sich Sorgen zu machen, statt es voll auszukosten?

Die Zeit, die Sie mit alten Menschen verbringen – gleich ob Verwandte oder Insassen eines Seniorenheims, die Sie besuchen – kann für alle sinnvoll sein. Hören Sie aufmerksam zu; alte Menschen kennen viele Probleme aus eigener Erfahrung und können oft gute Ratschläge bieten. Es ist besser, aus den Fehlern anderer zu lernen, als Zeit damit zu verschwenden, sie selbst zu begehen.

Mehr Urlaub, weniger Sorgen

»Sorgen sind wie ein Schaukelstuhl: Man hat etwas zu tun, doch es führt zu nichts.«

Unbekannt

Ein Urlaub bietet die Möglichkeit, den Sorgen zeitweilig zu entkommen. Sie müssen keine Reise buchen, um auszuspannen. Bleiben Sie daheim, aber verlassen Sie die eingefahrenen Geleise: Bummeln Sie durch ein Stadtviertel, das Sie kaum kennen; besuchen Sie ein Museum oder den Zoo. Wagen Sie sich an Freizeitaktivitäten heran, die Sie schon immer interessiert haben. Sollten Sie ein verkappter Rockstar sein, geben Sie eine Probe Ihres Könnens in einer Karaoke-Bar zum Besten.

Wichtig ist im Urlaub – gleich ob mental oder physisch –, dass Sie privaten und beruflichen Stress hinter sich lassen. Im Urlaub fällt es leicht, in der Gegenwart zu leben und nicht an Rechnungen, Chefs und andere Ärgernisse zu denken. Vergessen Sie jedoch nicht, die Sorgenpüppchen einzupacken.

Am Strand zu faulenzen, ein kühles Getränk in der Hand, ist nicht die einzige Möglichkeit, Stress abzubauen. Auch eine Städtereise trägt dazu bei, Abstand von unseren Sorgen zu gewinnen. Manchmal bringt ein solcher Urlaub zusätzlichen Stress, wenn wir z.B. befürchten, den Flug zu verpassen, Gepäck zu verlieren oder ausgeraubt zu werden. Doch solche Sorgen sind anders als die üblichen

und weniger bedrückend. Wenn es uns gelingt, neuartige Probleme auf unbekanntem Terrain zu bewältigen, kehren wir innerlich erstarkt nach Hause zurück, wo die Hürden dann leichter zu nehmen sind.

Auslandsreisen bringen Herausforderungen mit sich, vor allem in der Dritten Welt. Doch vielleicht entdecken Sie dabei, wie gut es Ihnen im Grunde geht. Nutzen Sie die Erfahrungen, um Ihre Prioritäten zu überdenken. Mag sein, dass Ihre Finanzen, Ihr Job oder Ihre Figur zu wünschen übrig lassen – doch wenn Sie Freiheit, Nahrung, Obdach und Liebe haben, gibt es wenig, worüber Sie sich Sorgen machen müssen!

SCHREIBEN SIE DRAUFLOS!

Denken Sie an all die unangenehmen Dinge, die Sie schriftlich erledigen müssen: Berichte verfassen, Überweisungen oder Steuerformulare ausfüllen usw. Sogar die Einträge ins Sorgentagebuch können sich als Bumerang erweisen, wenn Sie jedes Wort auf die Goldwaage legen. Nehmen Sie solche Kümmernisse in Zukunft mit einem Schreibgerät in Angriff, das Sie mit einem Sorgenpüppchen verschönert haben (z.B. auf die Kappe des Füllers geklebt). Damit bewahren Sie Augenmaß, wenn Sie Ihre trostlose Finanzlage überdenken oder dem nächsten internationalen Bestseller den letzten Schliff geben.

Positive Bestätigungen

»Na und?«
Alfred E. Neumann, »Mad« Magazin

Positive Bestätigungen helfen uns, Herausforderungen mit Zuversicht zu begegnen. Basteln Sie Karten, die Sie ziehen können, um sich an Ihre Stärken zu erinnern und Strategien für den Umgang mit Problemen zur Hand zu haben, die sich aufschaukeln, bis sie außer Kontrolle geraten.

Schneiden Sie bunten Fotokarton in 2,5 cm x 7,5 cm breite Streifen. Schreiben Sie ein Wort auf jede Karte, wie »Spontaneität«, »Vertrauen«, »Mut«, »Loslassen«, oder Erinnerungshilfen für die Konfrontation mit Ihren Sorgen, z.B. »Nicht die Pferde scheu machen«, »Positiv denken« oder »Den Dingen ihren Lauf lassen«. Das sind echte Optionen. Die Karten erinnern uns daran. Kleben Sie zusätzlich Sorgenpüppchen auf, um ihre heilsame Wirkung zu vertiefen.

Schneiden Sie nun Bilder aus Zeitschriften aus, die Entspannung und Wohlbefinden fördern, und kleben Sie diese auf die Außenseite einer kleinen Schachtel. Bewahren Sie die positiven Bestätigungen darin auf und wenn Probleme auftauchen, ziehen Sie auf gut Glück eine Karte. Tragen Sie diese bei sich und denken Sie im Lauf des Tages über die Affirmation nach.

Sollten Sie Ihre Sorgenkiller-Karten nicht zur Hand haben, können Sie auch kraftspendende Sätze auf Zettel schreiben und sie an einem augenfälligen Platz zu Hause oder im Büro anbringen. Oder benutzen Sie eine positive Bestätigung als Bildschirmschoner für Ihren Computer am Arbeitsplatz – die ideale Hilfe, um berufliche Probleme zu meistern.

Oder Sie richten sich eine »Toolbox« ein, in der »Anwendungsprogramme« zur Verfügung gestellt werden: statt Affirmationen aufzuschreiben, speichern Sie Ihre bevorzugten Sorgenkiller-Methoden, z.B. Tagebuch führen, eine Freundin anrufen oder sportliche Betätigung einfach ab. Sie können auf die im Buch geschilderten zurückgreifen oder sich eigene ausdenken. Wenn Sie merken, dass der Angstpegel steigt, greifen Sie zur Toolbox, um herauszufinden, welche Methode Sie zur Beruhigung anwenden sollten.

SORGENSTAB

Träumen Sie davon, Ihre Sorgen wegzuzaubern? Kleben Sie die Sorgenpüppchen auf einen glatten Stock, den Sie mit Bändern, Glitter und bunten Farben in einen Zauberstab verwandeln. Denken Sie sich einen Zauberspruch aus, den Sie aufsagen, wenn Sie den Zauberstab schwingen. Sie können ihn auch wie eine Staffette an eine Freundin weiterreichen, die von Sorgen geplagt wird. Sie kann den Zauberstab zurückgeben, sobald es ihr besser geht, oder ihn an eine andere Pessimistin weitergeben.

Traumzeit

Ist Ihnen aufgefallen, wie selbst die kleinsten Unannehmlichkeiten Ihnen zusetzen, wenn Sie nicht genug Schlaf bekommen? Nehmen Sie sich die Zeit, Ihrem Körper aufmerksam zuzuhören; erkennen Sie, wie viel »Traumzeit« er braucht und planen Sie entsprechend.

Um einen gesunden Schlaf zu gewährleisten und die körpereigene Uhr zu regulieren, sollten Sie jeden Abend um die gleiche Zeit zu Bett gehen. Raumtemperatur, Beleuchtung und Geräusche wirken sich ebenfalls auf die Schlafqualität aus. Besorgen Sie sich Ohrstöpsel, falls Ihr Nachbar die Stereoanlage voll aufzudrehen pflegt, oder eine CD mit Klängen der Natur, die Sie ins Schlummerland befördern. Ein kleiner Ventilator oder ein Miniaturbrunnen neben dem Bett wirken beruhigend. Außerdem können Sie den Püppchen Ihre Sorgen erzählen und sie als Einschlafhilfe unters Kopfkissen legen. Falls sich der Schlaf einfach nicht einstellen will, weil Ihnen zu viel im Kopf herumgeht, sollten Sie aufstehen und ein Buch lesen oder leise Musik hören, um sich zu entspannen. Kehren Sie ins Bett zurück, sobald Sie sich schläfrig fühlen.

Achten Sie auf Ihre Träume; sie geben oft Aufschluss über die Wurzeln Ihrer Probleme. Es gibt zahlreiche Bücher, mit deren Hilfe Sie die Symbolik in Ihren Träumen aufschlüsseln können. Nachfolgend finden Sie eine Auswahl weit verbreiteter Angstträume und ihrer Deutungen.

Träume, in denen Sie unter Wasser oder in einen Sturm geraten sind, repräsentieren möglicherweise das Gefühl, dem Leben und den Alltagserfahrungen nicht gewachsen zu sein.

Wenn immer wieder Berge, Wände und Zäune in Ihren Träumen auftauchen, gilt es, Hürden zu überwinden oder Herausforderungen zu bewältigen.

Haben Sie jemals geträumt, sich nicht bewegen zu können, wie sehr Sie es auch versuchen? Diese Lähmung symbolisiert die Angst vor Situationen, die sich Ihrer Kontrolle entziehen.

Pfade, Straßen und Treppen stellen die eingeschlagene Richtung in Ihrem Leben dar – der Weg nach oben wird als positives Zeichen empfunden, der Weg abwärts kann darauf hindeuten, dass Sie eine Entscheidung noch einmal in Ruhe überdenken sollten.

Wenn Menschen sich verwirrt und orientierungslos fühlen, träumen sie oft von einem Labyrinth oder Irrgarten.

Spiegel weisen auf das Thema Selbsterforschung hin.

Vorgesetzte, die in Ihrem Traum vorkommen, repräsentieren oft den inneren Kritiker.

Wenn Sie träumen, dass Sie vor jemandem davonlaufen, sind Sie unter Umständen nicht bereit, sich einer Situation zu stellen.

Bewahren Sie Ihr Sorgentagebuch neben dem Bett auf und notieren Sie Ihre nächtlichen Visionen gleich nach dem Aufwachen.

TERMINPUPPEN

Haben Sie manchmal Angst, einen Termin oder eine wichtige Verabredung zu vergessen? Kleben Sie Sorgenpüppchen als Erinnerungshilfe auf buntes Garn, das Sie um den Finger (oder ums Handgelenk) wickeln. Oder notieren Sie auf Karteikarten, was Sie sich merken wollen, und markieren Sie diese mit einer Büroklammer, an deren Enden Sie Sorgenpüppchen befestigen. Die bunten Figuren sind ein Hingucker, so dass Sie die Botschaft nicht übersehen können. Legen Sie die Karten neben den Wecker, damit Ihr Blick nach dem Aufwachen als Erstes darauf fällt.

Gute Organisation

»Wir sollten die unbedeutenden Sorgen bezwingen und unsere Energie für die großen, lohnenswerten Dinge bewahren. Es ist nicht der vor uns aufragende Berg, der uns zermürbt – sondern das Sandkorn in unseren Schuhen.«

Robert Service,
kanadischer Dichter

Viele Menschen verlegen oder verlieren Dinge, verpassen Termine oder kommen zu spät zu wichtigen Verabredungen, weil sie schlecht organisiert sind. Falls Sie solche Situationen aus eigener Erfahrung kennen, sollten Sie Ihr Organisationstalent unter die Lupe nehmen.

Wenn Sie ständig Ihre Schlüssel verlieren, lassen Sie sich gleich mehrere Duplikate anfertigen, damit Sie nicht in Panik geraten, weil Sie mal wieder spät dran sind. Wenn Sie dazu neigen, wichtige Daten zu vergessen, hängen Sie einen großen Kalender mit bunten Merkzeichen, auf die Sie Sorgenpüppchen geklebt haben, an einen gut sichtbaren Platz, damit die Termine ins Auge fallen. Legen Sie sich einen elektronischen Terminplaner zu, der Ihrem Gedächtnis papierlos, per E-Mail, auf die Sprünge hilft. Ein einfaches Dokumentenverwaltungssystem erleichtert außerdem die Suche nach wichtigen Unterlagen.

Bei notorischer Unpünktlichkeit kann ein effektives Zeitmanagement Stress und Ängsten entgegenwirken. Packen Sie Ihren Terminkalender nicht zu voll und brechen Sie zeitig auf, wenn Sie eine Verabredung haben. Wenn Sie Prioritäten auf Ihrer To-do-Liste setzen, können Sie Ihre Zeit ebenfalls besser nutzen, so dass Sie nicht alles in letzter Minute erledigen müssen. Stellen Sie fest, zu welcher Tageszeit Sie körperlich und geistig in Topform sind. Nehmen Sie die schwierigsten Projekte während dieser Hochleistungsphase in Angriff.

Das Leben vereinfachen

Werfen Sie Sorgen über Bord, indem Sie Ihr Leben »entrümpeln« und wieder auf das wahrhaft Wichtige reduzieren. Machen Sie sich den Unterschied zwischen Ihren Wünschen und Bedürfnissen klar. Vielleicht können Sie sich mit dem Gedanken anfreunden, auf die steile Karriere zu verzichten, die Sie auslaugt, und mit einer schlechter bezahlten Position vorlieb zu nehmen. Oder Sie kaufen keine Kleidung mehr, die chemisch gereinigt werden muss, oder mustern wartungsintensive Geräte aus.

Technologie kann das Leben vereinfachen, ist aber oft ein zweischneidiges Schwert. Man baut Stress durch mehr Arbeitseffizienz ab, doch das Ausmaß der damit verbundenen Informationen, Wartung und Kosten kann eine ebenso große Belastung bedeuten.

Versuchen Sie, die Technologie eine Woche lang auszuschalten, um herauszufinden, welche Geräte oder Serviceleistungen Sie wirklich brauchen. Verzichten Sie einen Abend auf das elektrische Licht und gehen Sie Ihren Aktivitäten bei Kerzenschein nach; stellen Sie fest, wie Sie sich dabei fühlen. Genießen Sie die wohltuende Stille, wenn Stereoanlage, Fernseher und Telefon keinen Ton von sich geben. Dieses Experiment bietet die Gelegenheit, seine Zeit sinnvoll mit der Familie zu verbringen, bei Spielen oder anregenden Gesprächen. Die Beziehung zu

»Wer zum Teufel ist ›General Failure‹ und warum greift er auf meine Festplatte zu?«

Unbekannt

nahestehenden Menschen zu vertiefen mindert Stress.

Das Fernsehen bietet vielfältige Ablenkungen, stiehlt allerdings auch Zeit für Aktivitäten, die als Jungbrunnen gelten, z.B. Sport oder Treffen mit Freunden. E-Mails ermöglichen eine Übermittlung von Nachrichten an Freunde, Verwandte und Geschäftspartner, lassen jedoch gleichzeitig persönliche Beziehungen in Form von Besuchen, Telefonaten und Briefen verkümmern. Auch wenn es altmodisch erscheinen mag, Briefe zu schreiben ist entspannend – und wenn die Empfänger antworten, finden Sie etwas Erfreulicheres im Briefkasten vor als Rechnungen. Überprüfen Sie, inwieweit die Technologie Ihren persönlichen Bedürfnissen dient – oder nicht.

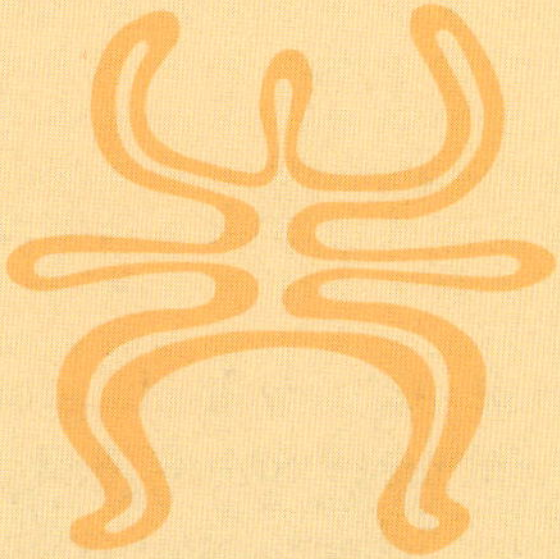

RETTER IN DER NOT

Wenn Sie den ganzen Tag am Computer arbeiten, sollten Sie ihn mit Sorgenpüppchen schmücken. Beim nächsten Absturz, wenn Sie »das wichtigste Dokument der Welt« verlieren, streicheln Sie die Puppen, um zu verhindern, dass Ihr Blutdruck ins Unermessliche steigt. Und wenn Sie mit einem Projekt auf der Stelle treten, erinnern die Püppchen Sie daran, ruhig und gelassen zu bleiben, bis die mentale Blockade überwunden ist.

Eine sorgenfreie Umgebung

Die Außenwelt übt großen Einfluss auf unser Stress- und Angstniveau aus. Schauen Sie sich Ihre häusliche und berufliche Umgebung genau an. Geräuschpegel, Beleuchtung und mangelnde Funktionalität der Räumlichkeiten können zu Ihrer »inneren« Unruhe beitragen.

Zu viel Lärm kann Konzentrations- und Schlafstörungen verursachen und eine Entspannung verhindern. Wenn Sie an einer verkehrsreichen Straße wohnen, können Sie durch Schallschutzvorrichtungen Abhilfe schaffen. Bei lauten Mitbewohnern oder Kindern sollten Sie sich darauf verständigen, dass die (in Hausordnungen vorgeschriebene) Mittags- und Nachtruhe eingehalten wird. Ohrstöpsel, leise Musik über Kopfhörer oder ein kleiner Zimmerbrunnen neben dem Bett dämpfen unerwünschte Geräusche.

Die Lichtqualität wirkt sich ebenfalls auf die Stimmung aus. Wenn wir zu wenig Sonne bekommen, fühlen wir uns antriebslos und unfähig, Stress zu bewältigen. Künstliche Beleuchtung, vor allem Neonlicht, macht nervös. Die Farben in einem Raum haben Einfluss auf unsere Gefühle. Kräftige Farben regen an, dunkle beunruhigen. Farbpsychologische Studien zeigen, dass Blau die meisten Menschen entspannt. Grün- und Orangetöne mindern Stress und innere Unruhe, während Purpur Ängste mildert. Gelb wird mit dem Gefühl der

Harmonie in Verbindung gebracht. Experimentieren Sie mit verschiedenen Farben, um herauszufinden, welche bei Ihnen eine positive Grundeinstellung fördern.

Feng-Shui-Anhänger schwören auf die uralte Kunst der Gestaltung von Lebensräumen, um die innere und äußere Energie zu harmonisieren. Es heißt, dass sich durch Optimierung des Energieflusses die Stimmung und sogar Ereignisse im Leben beeinflussen lassen. Feng-Shui-Meister verwenden u.a. Pflanzen, Spiegel und Brunnen, um einen energetisch ausgewogenen Lebensraum zu schaffen. Unordnung und Sammelwut werden auf ein Mindestmaß beschränkt, Türen und Fenster bleiben frei zugänglich. Ein energetisch ausgewogener Raum soll ästhetisch ansprechend, funktional und umwelttechnisch gesund sein. Da Feng-Shui auf der Elementenlehre basiert (Erde, Wasser, Luft und Feuer), wird die Suche nach künstlerischer Inspiration in der Natur gefördert. Es gibt inzwischen viele Bücher über Feng-Shui.

Ändern, was sich ändern lässt

»Wir gewinnen Stärke, Mut und Selbstvertrauen mit jeder Erfahrung, bei der wir innehalten, um der Angst ins Gesicht zu sehen. Wir sind in der Lage, uns zu sagen: ›Ich habe dieses Grauen überlebt. Ich bin für die nächste Herausforderung gewappnet.‹ Man muss eine Aufgabe in Angriff nehmen, die man nicht zu bewältigen glaubt.«

Eleanor Roosevelt

Ängste und Sorgen gehen Hand in Hand. Um sie abzubauen, gibt es nur eines: sich ihnen zu stellen!

Da sich Sorgen oft aus Situationen herleiten, die sich unserer Kontrolle entziehen, gilt es herauszufinden, was Ihnen Kraft und Stärke verleiht. Das kann die Sammlung von Informationen oder die Einleitung bestimmter Maßnahmen sein. Bereiten Ihnen Ihre Finanzen schlaflose Nächte? Ein Buchführungskurs oder ein Finanzberater kann Abhilfe schaffen. Leiden Sie extrem unter Lampenfieber, wenn Sie einen Vortrag halten müssen? Machen Sie eine Generalprobe im Familienkreis oder nehmen Sie Ihre Rede zur Übung auf Band auf.

Viele notorische Pessimisten meinen, Sorge sei damit gleichbedeutend, »Vorsorge« für alle Eventualitäten zu treffen. Da wir den Ausgang einer Situation nicht mit absoluter Gewissheit voraussagen können, verschwenden wir allerdings nur kostbare Energie, wenn wir uns endlos den Kopf zerbrechen. Handeln ist angesagt.

Eine andere Methode besteht darin, sich bewusst mit einer Problemsituation zu konfrontieren. Wenn Menschenmassen Sie in Panik versetzen, besuchen Sie ein stark frequentiertes Einkaufszentrum oder Konzert. Wenn Sie sich als Single (in einer auf Paare gepolten Gesellschaft) unwohl fühlen, gehen Sie einmal in der Woche solo ins Kino oder zum Essen. Fangen Sie klein an und versuchen Sie, sich Schritt für Schritt Ihren tiefsten Ängsten auszusetzen. Dies erleichtert es Ihnen, damit umzugehen, weil Sie sehen, dass Ihnen nichts Schlimmes widerfährt.

GEBEN SIE IHREN SORGEN EINEN RAHMEN

Wer macht Ihnen Sorgen? Kind? Mutter? Lebenspartner? Freundin? Hund? Um Ängste abzubauen, fixieren Sie das Bild der betreffenden Person (oder des Haustieres) in einem schlichten Rahmen; schmücken Sie ihn mit Sorgenpüppchen, bunten Farben und Glitter. Oder kleben Sie die Püppchen auf den Einband eines Fotoalbums, in dem Sie Schnappschüsse aus einer unbeschwerten Zeit aufbewahren, als die Sorgen noch nicht so erdrückend waren.

SCHUTZZAUBER GEGEN SORGEN

Wollen Sie die Sorgen von Ihrer Schwelle verbannen? Hängen Sie einen Kranz aus Weidengeflecht, Styropor oder Zweigen mit Sorgenpüppchen an die Eingangstür oder um die Türklinke. Oder schneiden Sie einen Pappring aus dem Karton einer Pizzaschachtel aus. Kleine Totems für die Türklinke können Sie aus den Deckeln von Joghurtbechern herstellen. Verzieren Sie den Ring mit Stoff, Garn oder Girlanden und kleben Sie die Puppen rundherum. Sie können auch selbst einen Kranz aus Zweigen flechten. Platzieren Sie die Püppchen nebeneinander, sich an den Händen haltend, oder kreisförmig in Abständen. Bringen Sie den Kranz über der Tür an, damit er Kummer und Sorgen fern hält!

Sorgendeponie

Die Fülle der Sorgen, die in unserem Kopf herumschwirrt, kann überwältigend sein. Das liegt daran, dass wir uns immer neue Sorgen aufladen, ohne uns der alten zu entledigen. Listen Sie jeden Tag sechs Dinge auf, die Ihnen Kummer bereiten. Legen Sie den Rest Ihrer Probleme, Ängste und Sorgen »auf Halde«, um sich ihnen ein andermal zuzuwenden. Am nächsten Tag tauschen Sie alle Sorgen auf der Liste gegen neue aus. Heute zerbrechen Sie sich den Kopf über die unbezahlten Rechnungen, den Streit mit Ihrem Partner oder die jährliche Beurteilung am Arbeitsplatz. Morgen haben Sie sich vielleicht mit Ihrem/Ihrer Liebsten versöhnt und können dieses Thema abhaken, um sie gegen zwei neue Kümmernisse einzutauschen.

Notieren Sie Ihre Sorgen gleich nach dem Aufwachen, damit Sie die aktuellen Probleme ins Auge fassen und sich die nicht aufgelisteten aus dem Kopf schlagen können. Dieser Schritt ist wichtig, um die Sorgen später zu »entsorgen«. Freuen Sie sich, wenn Sie ein Problem, das überholt ist, von Ihrer Liste streichen können.

Eine andere Methode besteht darin, den inneren Dialog aufzuschreiben, der Ihnen durch den Kopf geht, wenn Sie sich Sorgen machen. Notieren Sie alles, was Ihnen spontan einfällt, wahllos und ohne Wertung – lassen Sie den Gedanken freien Lauf.

Ein Beispiel:

Mein Hals tut weh. Was ist, wenn ich wieder krank werde und nicht zur Arbeit gehen kann? Mein Chef rastet aus, weil ich gerade erst Urlaub hatte und in unserer Abteilung Personalmangel herrscht. Meine gestressten Kollegen müssen bei dem großen Projekt für mich einspringen und werden garantiert sauer auf mich sein …

Wenn Sie das Ergebnis Ihres Denkprozesses schwarz auf weiß vor Augen haben, verstehen Sie besser, wie er funktioniert – oder erkennen, dass Sie schlimmer sind als Woody Allen, der »Stadtneurotiker«! Nachdem Sie Ihre Gedanken und Sorgen unzensiert zu Papier gebracht haben, können Sie diese zusätzlich auf Band sprechen. Die Übung dient dazu, Probleme auf Normalmaß zu schrumpfen, denn beim Abhören werden Sie vermutlich entdecken, wie trivial sie zum Teil klingen.

Progressive Relaxation

Wenn Sie von Ängsten und Sorgen geplagt sind, stehen Sie nicht nur mental unter Stress – die Spannung überträgt sich auch auf die Muskulatur. Deshalb ist es wichtig, Entspannungsmethoden zu erlernen, mit denen Sie gegen die notorische Schwarzmalerei ankämpfen.

Eine Möglichkeit sind Visualisierungsübungen: Sie schließen die Augen und stellen sich vor, Ihr Körper wäre ein Sandsack. Unten im Sack, an der Unterseite der großen Zehe, befindet sich ein kleines Loch, aus dem die Sandkörner langsam herausrieseln. Nehmen Sie sich Zeit und spüren Sie der Wirkung in jedem Teil Ihres Körpers nach. Wenn der Sand verschwunden ist, sollte der Stress merklich geringer und der Körper völlig entspannt sein.

Die Progressive Relaxation ist eine Technik, die von vielen Psychotherapeuten zur Tiefenentspannung der Muskeln angewendet wird. Sie ist besonders wirksam bei Menschen, die an Schlaflosigkeit leiden. Hier werden einzelne Muskelgruppen im Körper durch Anspannung und Entspannung gelockert.

Suchen Sie sich einen Raum, in dem Sie sich ungestört hinlegen können. Schließen Sie die Augen und richten Sie Ihre Aufmerksamkeit auf die rechte Hand. Tief einatmen und dabei die Hand zur Faust ballen; die Spannung fünf Sekunden halten, dann die Faust öffnen. Spüren Sie, wie sich die Muskeln im entspannten Zustand anfühlen. Wieder tief einatmen, jetzt den ganzen rechten Arm anspannen, die Spannung fünf Sekunden halten; danach langsam lockerlassen und dabei bis fünf zählen. Auf der linken Seite mit Hand und Arm wiederholen. Immer darauf achten, wie sich die Muskeln nach dem Anspannen und Entspannen anfühlen.

Auf diese Weise werden alle Muskelgruppen im Körper durch Anspannung und Entspannung gelockert: Beine, Gesäß, Bauch, Schultern, Nacken und die oft vernachlässigte Gesichtsmuskulatur. Danach bleiben Sie ein paar Minuten still liegen und spüren der Wirkung in Ihrem Körper nach. Öffnen Sie langsam die Augen und dehnen Sie sich ausgiebig, bevor Sie wieder in Ihren Alltag zurückkehren.

SORGLOS SCHLEMMEN

Sorgen haben am Tisch nichts zu suchen – halten Sie sie mit Sorgenpüppchen fern, die Sie auf selbst gemachte Serviettenringe kleben! Schneiden Sie z.B. die Pappröhre einer Küchenrolle in fünf Zentimeter lange Stücke. Zum Verschönern können Sie die »Miniröhren« in bunten Stoff einwickeln oder bemalen. Zum Schluss werden die Puppen aufgeklebt.

Neues ausprobieren

Viele Pessimisten scheuen vor Veränderungen zurück, weil sie Angst vor dem Unbekannten haben. Doch neue Erfahrungen können das Selbstvertrauen vermitteln, das man braucht, um Sorgen loszulassen. Wenn wir Ängste und Hürden überwinden, fühlen wir uns eher befähigt, neue Herausforderungen in Angriff zu nehmen.

Aktivitäten, die einen Nervenkitzel bieten, wie Bungeejumping oder Drachenfliegen, fördern nicht nur das Selbstvertrauen, sondern auch die Erkenntnis, wie nichtig manche Sorgen angesichts realer, greifbarer Gefahren sind. Doch Sie müssen sich nicht gleich in Abenteuer stürzen – es reicht aus, sich auf eine ungewohnte Situation einzulassen. Schreiben Sie sich für den Fotografiekurs ein, den Sie schon immer machen wollten, nehmen Sie Gesangsstunden, verreisen Sie alleine oder suchen Sie sich einen neuen Bekanntenkreis. Brechen Sie aus den eingefahrenen Bahnen aus! Und nehmen Sie Ihre Sorgenpüppchen mit.

Falls Sie an einer neuen Herausforderung scheitern, sollten Sie sich dennoch loben, weil Sie bereit waren, ein Risiko einzugehen, statt sich zu verstecken und das Leben ungenutzt an sich vorbeiziehen zu lassen. Wenn es nicht so läuft wie geplant, rappeln Sie sich auf, spucken in die Hände und nehmen einen neuen Anlauf.

Die Gegenwart fokussieren

Versehen Sie Ihre Ängste und Sorgen mit einem Etikett! Die Übung kann mental oder im Sorgentagebuch durchgeführt werden.

Wenn Sie Ihre Probleme kennzeichnen, können Sie ihnen leichter auf den Grund gehen. Versuchen Sie als Erstes herauszufinden, ob sich das Problem auf die Vergangenheit, Gegenwart oder Zukunft bezieht. Der Streit, den Sie vor einigen Monaten mit Ihrer Schwester hatten, ist »Schnee von gestern«, die Rechnungen, die diesen Monat anfallen, gehören in die Kategorie Gegenwart, und Ängste, die mit »Was wäre wenn …« beginnen, sind den Sorgen um die Zukunft zuzuordnen. Stellen Sie sich vor, Sie würden jedem Problem ein Etikett anhängen, mit schwarzem Filzstift beschriftet (was Sie im Sorgentagebuch tun können).

Die chronologische Zuordnung der Ängste und Sorgen bewirkt, dass Sie Ihr Augenmerk auf die aktuellen Probleme richten, statt kostbare Energie mit Ereignissen zu verschwenden, die längst passé sind oder möglicherweise nie eintreffen werden. Durch die Konzentration auf die Gegenwart fühlen Sie sich besser gerüstet, Probleme zu meistern. Was früher war, lässt sich nicht mehr ändern, es sei denn, Sie haben heimlich entdeckt, wie man die Zeit zurückdreht. Künftige Situationen zu beeinflussen ist gleichermaßen

schwierig, wenn Sie keine Kristallkugel besitzen und alle möglichen Varianten voraussehen, die ins Spiel kommen könnten.

Als Nächstes erhalten alle aktuellen Sorgen ein Etikett, das Aufschluss gibt, was sich dahinter wirklich verbirgt. Wenn Sie befürchten, dass niemand zu Ihrer Party kommt, haben Sie vielleicht Angst vor Zurückweisung. Wenn Ihnen Ihr Beitrag zu einem Arbeitsprojekt Kopfzerbrechen bereitet, könnte Unsicherheit oder Perfektionismus die wahre Ursache sein. Und die Angst, in einen Autounfall verwickelt zu werden, könnte sich als Angst vor Kontrollverlust entpuppen. Es ist leichter, Sorgen zu bekämpfen, wenn man versteht, worum es dabei in Wirklichkeit geht.

LESEZEICHEN

Markieren Sie die Seiten in einem Buch mit einem eigenen Lesezeichen. Schneiden Sie aus buntem Zeichenkarton einen 15 x 5 cm breiten Streifen zu, den Sie im Kopierladen laminieren lassen. (Sie können auch Stoff oder Schmuckband nehmen.) Kleben Sie ein Sorgenpüppchen an das obere Ende, so dass es herausschaut, wenn das Buch zugeklappt ist. Wenn Sie sich nach einem anstrengenden Arbeitstag bei einem guten Roman entspannen wollen, haben Sie zusätzliche Unterstützung.

Kleine Schritte

Viele Pessimisten bauschen eine Situation mental dermaßen auf, dass sie unüberwindlich scheint. Um diesem Phänomen beizukommen, gilt es, das Problem in Etappen anzugehen, die Sie bewältigen können. Zeichnen Sie eine Treppe. Auf die oberste Stufe schreiben Sie die perfekte Lösung. Wenn Sie z.B. umziehen wollen, notieren Sie »alles unter Dach und Fach«.

Auf der untersten Stufe vermerken Sie den ersten Schritt, den Sie einleiten müssen, um ans Ziel zu gelangen. Er sollte einfach sein, z.B. Umzugskartons beschaffen. Die restlichen Stufen werden mit weiteren kleinen Schritten gekennzeichnet. Die zweite Etappe könnte z.B. die Bestellung des Möbelwagens sein. Dann folgen vielleicht Anschluss von Strom oder Telefon in Ihrem neuen Zuhause, packen, entrümpeln oder Garagenverkauf organisieren. Kleine Schritte führen leichter zum Ziel als der Versuch, alle Stufen auf einmal zu nehmen.

Oder Sie verpflichten sich, sich auf ein Problem nach dem anderen zu konzentrieren, eine Abmachung, die Sie in einem Vertrag schriftlich festhalten. Steht ein großes Projekt an, setzen Sie sich realistische Zwischenziele, die Sie erreichen möchten. Notieren Sie z.B., wann die Ergebnisse der Recherche, ein grober Aktionsplan, der Rohentwurf und die endgültige Fassung Ihres Berichtes

»Statt uns im Voraus zu sorgen, sollten wir vorausdenken und vorausplanen.« Sir Winston Churchill

vorliegen sollten (kalkulieren Sie einen Zeitpuffer ein, für den Fall, dass etwas nicht so läuft wie geplant). Konzentrieren Sie sich nur auf die Aktivität, deren Termin bevorsteht. Zerbrechen Sie sich während der Recherche z.B. nicht den Kopf, ob Sie den Bericht pünktlich abliefern können.

Setzen Sie nun fest, wie viel Zeit Sie pro Tag für das Projekt zur Verfügung haben. Wenn Sie z.B. drei Stunden daran arbeiten wollen, dürfen Sie für den Rest des Tages nicht mehr darüber nachdenken. Geben Sie sich selbst die Erlaubnis, Ihre Sorgen zeitweilig ad acta zu legen.

Sie können auch andere Klauseln in den Vertrag einfügen, z.B., dass die Rohfassung Ihres Berichts Grammatikfehler enthalten darf und nicht perfekt sein muss. Setzen Sie Ihren Namen unter das Dokument, so dass Sie keinen Rückzieher machen können. Sie werden vermutlich feststellen, dass die vertraglich festgelegten Bestimmungen die Handhabung des anstehenden Projekts erleichtern.

Frühjahrsputz

Viele Leute machen jedes Jahr Frühjahrsputz – klopfen Teppiche, sortieren Lebensmittelvorräte aus und wischen selbst in den schmalsten Ritzen Staub. Oft wird dabei alles »ausgemistet«, was man nicht mehr benötigt. Nehmen Sie sich Zeit für ein mentales »Großreinemachen«, indem Sie emotionalen Ballast abwerfen. Trennen Sie sich von ungesunden Gewohnheiten, die nur ein Klotz am Bein sind.

Zunächst müssen Sie sich die negativen Eigenschaften vor Augen halten, die Sie ablegen wollen. Der notorische Pessimismus sollte als Erstes über Bord gehen. Dann misten Sie die Ursachen der Probleme aus: weg mit den Minderwertigkeitskomplexen, tauschen Sie Ihre Kontrollmanie gegen eine sorglose Haltung ein und tragen Sie Ihr Perfektionsstreben zu Grabe. Holen Sie Ihre positiven Eigenschaften aus der Mottenkiste – sie müssen nur aufpoliert und voll zur Entfaltung gebracht werden.

Da wir vollauf damit beschäftigt sind, unser Leben zu leben, vergessen wir oft, Bilanz über die positiven und negativen Aspekte in unserer Um-

»Die Krise von Heute ist der Witz von Morgen.« H. G. Wells, britischer Schriftsteller

gebung zu ziehen. Schreiben Sie eine Liste mit allen Aktivitäten und Menschen, die in Ihrem Leben eine wichtige Rolle spielen. Dazu können Beruf, Hobbys, Schule, Besorgungen, Haushalt, Freizeitbeschäftigungen, Freunde, Kollegen oder Familienmitglieder gehören. Versehen Sie diese nun mit einem Pluszeichen (+), wenn Sie dadurch Energie aufladen, und mit einem Minuszeichen (-), wenn sie Energie kosten. Wenn sich die positiven und negativen Positionen in etwa die Waage halten, dürfen Sie das Zeichen (=) setzen.

Nehmen Sie die »Minus-Menschen« genauer unter die Lupe. Es ist schwierig, doch kann es besser für Sie sein, den Kontakt zu diesen Energievampiren einzuschränken oder abzubrechen. Nun überprüfen Sie die »Minus-Aktivitäten«. Wenn Ihr Job dazu zählt, könnte ein Berufs- oder Arbeitsplatzwechsel angezeigt sein. Finden Sie bestimmte Tätigkeiten im Haushalt besonders nervtötend? Tauschen Sie mit Ihrem Partner oder einer Freundin – oder stellen Sie eine professionelle Hilfskraft ein.

Nicht jeder Frühjahrsputz muss so abstrakt sein. Manchmal kann es einen therapeutischen Wert haben, Haus oder Wohnung rundum auf Vordermann zu bringen. Es ist außerdem eine Erleichterung, alten Plunder und Souvenirs aus weniger erfreulichen Zeiten auszumustern.

Der Fantasie freien Lauf lassen

Entdecken Sie, wie Sie Ihre Fantasie als Waffe einsetzen können, um Sorgen zu bekämpfen und eine positive Einstellung zu entwickeln.

Zuerst brauchen Sie einen Raum, wo Sie ungestört sind. Machen Sie es sich bequem, schließen Sie die Augen und lassen Sie Spannungen im Körper los – durch Lockern der Muskeln. Nun stellen Sie sich Ihre Sorgen bildlich vor. Wenn Ihnen vor einem anstehenden Projekt graut, visualisieren Sie, wie Sie sich hinsetzen und mit der Arbeit beginnen. Malen Sie sich Ihr Büro in allen Einzelheiten aus – optische Eindrücke, Geräusche und Gerüche eingeschlossen. Es ist normal, wenn Sie schon bei diesem Teil der Übung nervös werden.

Nun gehen Sie mental sämtliche Schritte bis zur Beendigung der Aufgabe durch. Stellen Sie sich das bestmögliche Ergebnis vor: Sie haben das Projekt vorzeitig abgeschlossen und Ihr Chef ist so begeistert, dass Sie eine Beförderung erhalten. Konzentrieren Sie sich auf das gute Gefühl, die eigenen Erwartungen noch zu übertreffen.

Sich eine Aufgabe im Gesamtzusammenhang vorzustellen – mit allen Vorteilen des Erfolgs und den geringfügigen Folgen eventueller Rückschläge – kann ihre negativen

Auswirkungen auf die Psyche verringern. Die Visualisierung des perfekten Ergebnisses stärkt das Selbstvertrauen, das es ermöglicht, eine Herausforderung zu meistern, statt sich deswegen Sorgen zu machen. Das positive Szenario motiviert uns, ein Ziel zu erreichen. Es wirkt außerdem wie eine Zauberformel – es löst das unbewusste, machtvolle Bestreben aus, einen Herzenswunsch zu realisieren –, weil wir die Gelegenheit haben, herauszufinden, was wir wirklich wollen und brauchen.

» ... Die Visualisierung des perfekten Ergebnisses stärkt das Selbstvertrauen, das es ermöglicht, eine Herausforderung zu meistern ... «

Nutzen Sie Ihre Fantasie auch dann, wenn Sie einen mentalen Urlaub von Ihren Sorgen brauchen. Statt an das Objekt Ihrer Ängste zu denken, visualisieren Sie eine friedvolle Kulisse, z.B. einen Berggipfel, eine Wiese oder einen anderen Ort, an dem Sie sich heiter und gelassen fühlen. Nehmen Sie die Umgebung mit allen Sinnen wahr: das Zwitschern der Vögel, das Rauschen des Windes in den Bäumen oder einen murmelnden Bach. Atmen Sie die prickelnde Luft tief ein. Solche »Traumreisen« können Anspannungen lösen und sogar den Blutdruck in stressreichen Situationen senken.

Absolut positiv

Schreiben Sie alle positiven Eigenschaften und wichtigen Leistungen in Ihrem Leben auf, auch Begebenheiten, die unter einem schlechten Vorzeichen standen und letztendlich doch noch gut endeten. Die Liste zeigt, dass Ihre Sorgen überflüssig sind, weil nicht alles zum Scheitern verurteilt ist, sondern viele Dinge besser ausgehen als erwartet. Notorische Pessimisten rechnen immer mit dem Schlimmsten – nun haben Sie schwarz auf weiß vor Augen, dass diese Perspektive verzerrt ist.

Die Auflistung Ihrer positiven Eigenschaften nimmt Ihre Selbstzweifel in Angriff und mindert die Angst, einer Situation nicht gewachsen zu sein. Eine Stärkung des Selbstvertrauens trägt zu dem Gefühl bei, dass wir eine Aufgabe kompetent bewältigen können.

Schreiben Sie z.B. auf, dass Sie eine fundierte Ausbildung haben, als Mutter oder Freundin einsame Spitze sind, einen grünen Daumen besitzen oder das Glück hatten, von Ihrem Partner fallen gelassen zu werden, um am Ende der großen Liebe Ihres Lebens zu begegnen. Falls es Ihnen schwer fällt, Ihre guten Seiten aufzuzählen, laden Sie Ihre Freundinnen ein und beschreiben Sie, was Ihnen an jeder Einzelnen am besten gefällt. Sobald Ihre innere Stimme Ihnen weismachen will, dass Sie nicht gut genug sind, nehmen Sie die Liste zur Hand und lesen nach, was für ein absolut fantastischer Mensch Sie sind!

Entspannungsmusik

Musik kann die Stimmung beeinflussen. Manche finden die melancholische Blues-Musik tröstlich (»Gleich und Gleich gesellt sich gern«), andere schätzen die beruhigende Wirkung von Klassik oder Jazz und wieder andere bevorzugen Heavy-Metal, um Ängste abzubauen oder Dampf abzulassen. Stellen Sie eine CD mit Ihren Lieblingsmelodien zusammen, die das Abschalten erleichtern. Singen Sie mit, wenn Sie im Stau stecken, oder tanzen Sie dazu im stillen Kämmerlein, um Ihre Sorgen zu vertreiben.

Hier ein paar Gute-Laune-Songs, die der Weltuntergangsstimmung entgegenwirken: »Don't Worry, Be Happy« von Bobby McFerrin war vielleicht deshalb ein Hit, weil viele Menschen sich nach einem sorglosen, glücklichen Leben sehnen. »Hakuna Matata« (was »keine Sorgen« bedeutet) aus dem Musical »König der Löwen«, gesungen von einer haarigen Meerkatze und einem wilden Eber, wurde ebenfalls zum Ohrwurm. Bob Marleys Chor erklärt in »Three Little Birds«, dass wir uns keine Sorgen machen sollen, weil alles gut wird. Und Louis Armstrongs »What a Wonderful World« erinnert an die einfachen, wunderbaren Dinge, die das Leben zu bieten hat.

Eigene Texte zu schreiben oder Musik zu komponieren ist eine fantastische Möglichkeit, sich von Kummer

und Sorgen zu befreien. Falls Ihnen die Worte fehlen, nehmen Sie Bongotrommeln, um Ihren Frust mit dem Rhythmus auszutreiben.

HEIMLICHE BEGLEITER

Haben Sie Freunde, Kollegen oder einen Partner, der ständig gestresst ist? Verstecken Sie die Puppen bei der/dem Betreffenden daheim oder im Büro als Entspannungshilfe. Sie lassen sich auch leicht in Manteltaschen oder Geldbörsen verbergen. Jeder freut sich über so viel Aufmerksamkeit und eine nette Überraschung. Wenn Ihre Pessimisten die Macht der Sorgenpüppchen bereits kennen, wissen sie das Geschenk zu schätzen. Wenn nicht, werden sie mehr darüber erfahren wollen und vielleicht ein wenig abgelenkt von ihren Problemen. Stacheln Sie die Neugierde an – indem Sie sich die Legende der Sorgenpüppchen für später aufheben.

Loslassrituale

Führen Sie Rituale ein, mit denen Sie Ihre Ängste und Sorgen symbolisch loslassen. Sie können z.B. Ihre Kümmernisse auf Papierstreifen schreiben, sie zusammenrollen, in Luftballons mit Heliumfüllung einführen und fliegen lassen. Winken Sie ihnen zum Abschied nach, wenn sie zum Himmel aufsteigen.

Oder treiben Sie »Höllenängste« im »Fegefeuer« aus. Laden Sie zum Tee ein und bitten Sie Ihre Freunde, ihre Sorgen auf einem Blatt Papier zu notieren. Am Ende des Abends verbrennen Sie die Listen im offenen Kamin. Wenn Sie mehr Zeit haben, scharen Sie Ihre Leute um sich und gehen zelten. Dabei können Sie ein Lagerfeuer entzünden und zusehen, wie Ihre Probleme in Rauch aufgehen.

Für manche Loslassrituale brauchen Sie nur Ihre Fantasie. Stellen Sie sich vor, Ihre Sorgen befänden sich in Seifenblasen, die langsam davondriften. Oder lassen Sie Seifenblasen platzen, um den Ängsten ein für alle Mal ein Ende zu setzen. Da Rituale sehr persönlich sind, müssen Sie vielleicht verschiedene ausprobieren, um herauszufinden, was bei Ihnen am besten wirkt.

Arbeit
Liebe
Sex
Angst
Geld
Tod
Fliegen
Hölle

DIE SORGEN AUF DIE SPITZE TREIBEN

Bewahren Sie die Sorgenpüppchen unweit der Stelle auf, an der die Sorgen beginnen – Ihrem Kopf. Wickeln Sie farbiges Stickgarn um eine Haarspange, so dass sie völlig bedeckt ist, und kleben Sie die Puppen auf der Spange fest. Sobald Sie ins Grübeln geraten, fassen Sie sich an den Kopf und erinnern sich daran, dass Ihre kleinen Freunde über Ihr Wohl wachen!

Sie können die guatemaltekischen Sorgenpüppchen für Haarschmuck gleich welcher Art oder für Essstäbchen verwenden. Bei Männern verleihen Sie damit Krawattennadeln, Manschettenknöpfen oder Uhrarmbändern eine individuelle Note.

Tief durchatmen

Eine der wirksamsten Waffen gegen Kummer und Sorgen ist zugleich eine der einfachsten – nämlich Atmen! Zwanzig bis dreißig Minuten Tiefenentspannung am Tag durch Bauch- oder Zwerchfellatmung verringert Nervosität und beugt Stress vor. In Stresssituationen wird die Atmung schneller und flacher, sie beginnt dann im Brustkorb. In entspanntem Zustand atmen Sie tiefer, aus dem Zwerchfell in den Abdominalraum. Tiefenatmung erhöht die Sauerstoffzufuhr zum Gehirn und stimuliert das parasympathische Nervensystem, das einen Ruhezustand hervorruft. Solche Atemtechniken fördern das Körperbewusstsein, so dass Sie sich nicht ständig auf die negativen Gedanken konzentrieren, die im Gehirn Amok laufen.

Üben Sie die Bauchatmung in einem Raum, in dem Sie ungestört sind. Legen Sie sich flach auf den Rücken und platzieren Sie eine Hand auf der Brust, die andere auf dem Bauch, direkt über dem Nabel. Schließen Sie die Augen und entspannen Sie die Muskeln. Langsam und tief durch die Nase einatmen. Bei der Zwerchfellatmung hebt sich der Bauch, während der Brustkorb reglos bleibt. Die Luft einen Moment anhalten, dann langsam durch die Nase ausatmen.

Versuchen Sie unverkrampft und gleichmäßig zu atmen, indem Sie beim Ein- und Ausatmen langsam bis drei zählen. Oder zählen Sie (als Einstieg zur Meditation) nur beim Ausatmen mit: einatmen, Atem anhalten, ausatmen und »eins«. Zählen Sie bei jedem Ausatmen weiter, bis zehn. Dann wiederholen Sie den Durchgang noch zwei Mal.

Auch wenn Sie keine Zeit haben, sich an einem ruhigen Plätzchen hinzulegen, können Sie die Bauchatmung praktizieren. Diese Stresskiller-Übungen lassen sich überall dort durchführen, wo Stress auftritt: in einer Geschäftsbesprechung, im Bus oder im Behandlungsstuhl des Zahnarztes!

Balsam für die Seele

»Lebe in jeder Jahreszeit, die kommt und geht; atme die Luft, trinke den Trank, koste die Frucht und überlasse dich den wechselnden Einflüssen.«

Henry David Thoreau,
amerikanischer Schriftsteller

Wenn Sie das Gefühl haben, dem Stress in Ihrem Leben nicht mehr gewachsen zu sein, nehmen Sie sich Zeit, um sich zu verwöhnen. Schalten Sie mit einem Wellness-Urlaub in den eigenen vier Wänden ab. Gönnen Sie sich den Luxus eines Schaumbads im Kerzenschein, mit leiser Musik oder köstlichen Pralinen. Eine Gesichtsbehandlung und Pediküre runden das Erlebnis ab.

Lassen Sie Dampf durch Tanzen oder Sport ab. Lesen, Meditation, mit Haustieren spielen, Seifenblasen steigen lassen oder aus voller Kehle singen kann ebenfalls entspannend wirken. Experimentieren Sie, um den richtigen Balsam für Ihre Seele zu finden und wieder mit sich selbst und der Welt in Einklang zu kommen.

Gute Freunde

Ertappen Sie sich oft bei dem Ausspruch: »Was bin ich doch für ein Idiot!« oder »Mir misslingt aber auch alles!« Machen Sie sich auf diese Weise nieder, wenn die Sorgen überhand nehmen? Damit werden kleine Schnitzer maßlos übertrieben und positive Leistungen herabgesetzt.

Beobachten Sie, was Sie sich selbst einreden. Schreiben Sie Ihre Selbstkritik ins Sorgentagebuch und überlegen Sie, ob sie wirklich Sinn macht. Die Formulierungen könnten schwerer wiegen, als Sie denken. Wenn Sie sich immer wieder sagen, dass Sie eine Niete sind, werden Sie es irgendwann selbst glauben. Gehen Sie nicht so streng mit sich ins Gericht und verwandeln Sie die Nörglerin in Ihrem Kopf in eine Vertraute und Verbündete.

Vielleicht sind Ihre Selbstvorwürfe nur eine Überreaktion. Geht die Welt wirklich unter, wenn Sie verschlafen und den Bus verpasst haben? Heißt das, dass Sie ständig zu spät zu Verabredungen kommen und zu Recht als »Faulpelz« verschrien sind? Haben Sie einen Test versiebt oder bei einem bestimmten Projekt nicht die üblichen Spitzenleistungen erbracht? Vielleicht können Sie mildernde Umstände anführen: Sie hatten eine harte Woche oder es war eine knifflige Prüfung, bei der niemand gut abgeschnitten hat. Oder Ihre eigenen Erwartungen waren überzogen.

Ein Misserfolg bedeutet noch lange nicht, dass Sie immer versagen. Ist Ihre negative Selbsteinschätzung wirklich begründet? Werfen Sie einen Blick auf Ihre Sorgenpüppchen, wenn Sie mit sich hadern. Erzählen Sie ihnen Ihre Ängste und Sorgen, statt sich selbst die Leviten zu lesen. Ihre ausdruckslose Miene kann durchaus angemessen sein und bedeuten: »Hey, was soll das Theater?«

Wahrscheinlich entspricht die selbstauferlegte Strafe nicht dem Verbrechen, das Sie sich zur Last legen. Werden Sie hellhörig, wenn Ihre innere Stimme Worte wie »niemals« und »immer« benutzt. Setzen Sie dem Perfektionsstreben einen Dämpfer auf. Niemand ist vollkommen. Erkennen Sie, dass Sie in manchen Bereichen Erfolge einheimsen und in anderen eine Schlappe erleiden können. Gestatten Sie sich, Ihre Leistungen zu würdigen und Ihre Schnitzer in die richtige Perspektive zu rücken.

Überprüfen Sie den inneren Dialog, den Sie führen: Überlegen Sie, was Sie einer Freundin in der gleichen Situation antworten würden. Wenn sie sagt, sie sei eine dumme Gans, weil sie sich von ihrem Freund getrennt hat, würden Sie ihr vermutlich nicht beipflichten, sondern sie darauf hinweisen, dass sie übertreibt oder vermutlich nicht Schluss gemacht hätte, wenn die Beziehung intakt gewesen wäre. Ihre eigene Psyche verdient ein ebenso faires und ausgewogenes Urteil. Behandeln Sie sich, wie Sie andere behandeln würden, und Sie werden in Ihrer inneren Stimme eine Freundin fürs Leben finden.

Abschalten

Wenn das moderne Leben Stress verursacht, sollten Sie auf alte Heilmittel zurückgreifen, um Gleichgewicht, Harmonie und das Gefühl des Wohlbefindens wiederherzustellen. Meditation, Akupunktur und Akupressur werden seit Jahrtausenden durchgeführt, um die Gesundheit zu fördern und mentale und physische Spannungen zu lindern.

Meditation ist eine beliebte Entspannungsmethode in Ost und West. Der Körper kommt zur Ruhe und man richtet die Aufmerksamkeit nach innen, auf ein Wort, eine Vorstellung, ein Konzept oder den eigenen Atem. Diese mentale Fokussierung verlangsamt das Karussell der Gedanken und Sorgen, das sich ständig in unserem Kopf dreht. Meditation stärkt das Selbstbewusstsein, mindert Ängste und Depressionen und verbessert allgemein die Gesundheit.

Akupunktur und Akupressur sind Heilverfahren, die dazu dienen, blockierte Meridiane (Energieleitbahnen) wieder durchlässig zu machen. Aus fernöstlicher Sicht sind Gesundheitsprobleme eine Folge von Energieblockaden im Körper. Sorgen sind eine Ursache für die Unterbrechung des Energieflusses.

Wer eine Abneigung gegen die Akupunktur-Nadeln hat, kann es mit Akupressur versuchen; dabei wird Druck auf bestimmte »Druck- oder Meridianpunkte« des Körpers ausgeübt, womit man eine ähnliche Wirkung erzielt wie bei der Akupunktur. Beide Behandlungsmethoden rufen ein Gefühl der Entspannung und des Wohlbefindens hervor.

PACKEN SIE DIE SORGEN EIN

Wollen Sie einer gestressten Freundin etwas Gutes tun? Stellen Sie ein individuelles Care-Paket zusammen, das einen Sorgenstein, ein leeres Sorgentagebuch, Lavendel-Badesalz (Lavendelduft fördert die Entspannung) und eine CD mit einem Entspannungsmusik-Mix enthält. Wickeln Sie das Paket in Geschenkpapier ein und kleben Sie Sorgenpüppchen auf das Papier oder Schmuckband. Voilà! Sie haben ein Meisterwerk im »sorglosen Stil« geschaffen.

Gesunder Geist &

Wie wäre es mit Yoga oder der fernöstlichen Kampfkunst Tai-Chi? Körperbewusstsein und mentale Konzentration, die dabei im Mittelpunkt stehen, rüsten uns für die Auseinandersetzung mit Problemen und Sorgen, denen wir uns im Alltag stellen müssen.

Yoga ist eine ostindische Disziplin, die Atemtechniken und verschiedene Dehnungen oder Körperhaltungen miteinander verbindet. Tai-Chi gehört zu den chinesischen Kampfkünsten, deren langsame Bewegungsabläufe, »Formen« genannt, höchste Präzision verlangen. Beide wurden entwickelt, um den inneren Energiefluss zu stimulieren und die Auf-

merksamkeit kontemplativ auf den Körper zu richten. Auch das Ergebnis ist ähnlich: Verbesserung des Gleichgewichtssinns, Gefühl des körperlichen Wohlbefindens und der Stärke, mentale Gelassenheit und Erdung.

Während sich Yoga und Tai-Chi auf Dehnübungen und langsame, meditative Bewegungen konzentrieren, erfordern fernöstliche Kampfsportarten wie Taekwondo, Aikido oder Karate extreme Körperbeherrschung und Schnelligkeit. Sie enthalten aggressive Elemente, aber auch einzigartige mentale, physische und spirituelle Herausforderungen. Sie zu erlernen kann ein Gefühl der Stärke verleihen – beim gemeinsamen Kampfschrei oder den Synchronübungen der Gruppe kann man die Energie geradezu spüren (und außerdem, wie oft kann man im Alltag einen Schrei loslassen?). Die Selbstkontrolle, die man beim Training erwirbt, ist ebenfalls von Nutzen.

Diese Budo-Sportarten sorgen für einen klaren Kopf, weil man die Aufmerksamkeit voll auf den Körper konzentrieren muss – für Sorgen ist da kein Platz. Das Wissen, dass man sich selbst verteidigen und Herausforderungen zuversichtlich in Angriff nehmen kann, ist an sich schon eine lohnenswerte Erfahrung.

Die Macht der Zahlen

Nachwort

Obwohl die magische Zahl der Sorgenpüppchen für Ihr Kopfkissen auf sechs beschränkt ist, möchten Sie vielleicht mehr davon haben, z.B. für die im Buch beschriebenen Schmuckobjekte. Die Püppchen bekommen Sie in den meisten mittelamerikanischen Spezialgeschäften, handgefertigt von Familien aus Guatemala.
Auch das Anfertigen kann von Problemen ablenken oder Zeit zum Nachdenken geben. Wenn Sie Kinder haben, werden sie vermutlich gerne beim Basteln mitmachen und die geheimnisvolle Geschichte der Sorgenpüppchen spannend finden.

Für die Herstellung der Püppchen können Sie verschiedene Materialien verwenden. In Guatemala benutzen die Kinder alles, was sie finden: Zahnstocher, schmale dünne Pappstreifen usw. Bei größeren Puppen (von jüngeren Kindern leichter zu basteln) sind alte Wäscheklammern ideal (ohne Metallfedern).

Die Püppchen eignen sich für kleine Projekte wie Tagebuch, Lesezeichen und Bilderrahmen, die in diesem Buch vorgeschlagen wurden. Für größere Arbeiten wie den Türkranz sollte das Grundgerüst des Körpers groß sein (Wäscheklammern). Die einzelnen Teile werden mit Klebstoff fixiert.

Wenn der Körper fertig ist, wird er von unten nach oben mit buntem Garn oder Sticktwist umwickelt. Beginnen Sie damit bei den Beinen. Kleiden Sie die Püppchen in Stoffschnipsel. Die Gesichter werden auf hautfarbenes Garn oder Pappe gemalt, die man am oberen Ende herausragen lässt.

Keine Angst vor Experimenten! Die Haare der Püppchen lassen sich aus Klebstoff und Sand oder Glitter zaubern. Das äußere Erscheinungsbild der Püppchen kann genauso vielfältig sein wie die Probleme, mit denen sie konfrontiert werden. Verleihen Sie ihnen eine individuelle Note und lassen Sie Ihrer Fantasie freien Lauf. Sie werden Ihnen helfen, sich von Ihren Sorgen zu befreien!

Bibliografie

LESELISTE FÜR NOTORISCHE PESSIMISTEN

Bruno, Frank: *Mach dir keine Sorgen*, München 1998.

Carlson, Richard: *Alles kein Problem!*, München 2002.

Carnegie, Dale: *Sorge dich nicht, lebe!* München 2003.

Jochum, Inka: *Hilfe bei Angst*, München 2004.

LESELISTE FÜR LIEBHABER VON GUATEMALTEKISCHEN SORGEN-PÜPPCHEN

Asturias, Miguel Angel*: Der Herr Präsident*, Zürich 1984.

Menchu, Rigoberta: *Enkelin der Maya*, Göttingen 1999.

Schlesinger, Stephen C.: *Bananenkrieg*, Zürich 1992.

Die Autorin

Jessica Hurley wurde 1970 in Berkeley, Kalifornien, geboren und wuchs in einer Hippie-Kommune auf. Zu ihrem abenteuerlichen Lebenslauf gehört auch, dass sie mit einer Rockband durchs Land reiste, für einen Spielzeughersteller arbeitete und lernte, mit Feuer zu jonglieren. Einen Großteil dieses Buches schrieb sie während eines Aufenthalts in Indien. Momentan arbeitet sie als Website-Producer und lebt in San Francisco.

Die Illustratorin

Paddy Bruce ist Designerin, Illustratorin und Künstlerin. Sie studierte an der London School of Design in England und an der Universidad de las Americas in Mexico City. In dieser Zeit entdeckte sie auch ihre Vorliebe für die Kunststile Mittelamerikas. Derzeit führt sie ihre eigene Design- und Illustrations-Firma und lebt in Bellingham, Washington.